문해력을
문해하다

문해력에 관한
언어철학적 신경과학적 분석

문해력을
문해하다

◆ 이태이 지음 ◆

문해력이란
무엇인가

나도 처음엔 오해했었다. "아유, 요즘 애들이 '요지' 뜻도 모른대. 국어 시험에서 '글의 요지를 쓰라'는 말을 이해하지 못해서 문제를 못 푼 애들이 한둘이 아니라더라. 문해력이 떨어졌다더니, 정말 그런가 봐" 나의 전작《문해력 숲에서 캠핑을》로 했던 독서모임에서 저렇게 말했다가 다른 참가자에게 혼났다. 어휘를 알거나 모르는 것이 문해력은 아니라고 말이다. 그때 깨달았다. 맞아 참, 어휘력이랑 문해력은 다른 거지. 전혀 상관없다고는 할 수 없지만, 어쨌든 다른 차원의 개념인 건 옳다. 그때 결정적인 무언가가 나를 바꿔놓았다. 우린 '문해력'에 대해 얼마나 진중하게 고민하고 논해왔나 하고 말이다.

그 후 문해력 관련 강연을 몇 번 하게 됐다. 문해력 전문가는 아니지만, 그런 제목이 들어간 책도 냈고, 10년 넘게 논술강사로 일해온 이력도 있고 해서 어쩌다 그런 자리를 가지게 되었다. 강연을 준비하면서 그간 흩어져 있던 생각들이 하나로 좌악 모아지는 경험을 했다. 그 중심엔 역시 '문해력'이 있었다. 문해력 자체를 더 파보고 싶었다.

이미 몇 년 전부터 출판계의 한편은 문해력 붐이다. 학원가도 비슷하다. 이제는 그 열기가 사그라질 법도 한데, 불꽃이 아직도 꺼지질 않는다. 요즘 아이들, 나아가 요즘 사람들의 문해력이 떨어져서 문제라고 몇 년째 성화다. 문해력 저하를 걱정하는 사람들에게 묻고 싶은 게 있다. 문해력이 떨어졌다고 생각하는 근거는 무엇인지, 그 근거가 정말 맞다고 생각하는지, 그렇다면 해결책은 뭔지 등등. 사실, 정말 묻고 싶은 건 바로 이것이다. 문해력이 무엇인지, 문해력을 뭐라고 생각하는지.

우연히 EBS에서 방영하는 문해력 관련 프로그램을 본 적 있다. 방송의 콘텐츠도 평균적인 문제의식과 같았다. 사람들이 단어 뜻을 잘 모른다는 것이었다. 내가 본 방송에서는 '배상'의 뜻을 몰라 벌어진 해프닝을 다루었다. 업무 이메일 끝에 누구누구 배상이라고 썼더니, 다음 날 그 메일을 받은 사람이 송신자에게 "안녕하세요 누구누구 배상님"이라고 하더란다. 메일 수신자는 '배상'을 회사 직급으로 이해했던 것이다. 이 사례를 보여주며 MC와 게스트들이 저마다 심각해하면서 정말 큰일이라는 식으로 한 마디씩 얹었다. 그런데 '배상'의 뜻을 모르면 문해력이 낮은 건가? 그런 방송을 EBS에서 했다는 게 나에겐 오히려 충격이었다.

대표적으로 오가는 사례가, 금일 뜻을 몰라서 금요일인 줄 알았다더라, 사흘을 4일로 알고 있더라, 같은 것들이다. 또 크게 이슈가 됐던 게, 이동진 평론가가 쓴 영화 〈기생충〉의 20자 평이었다. 평 중에 '명징'이라는 표현을 썼는데, 그 뜻을 모르는 사람들이 꽤 많았던 것이다. 평론가들이 꼭 저렇게 어려운 말을 쓰며 젠체한다고 사람들은 불평불만을 퍼부었다. 그런데 '명징'이 그 정도로 현학적인 단어였던가. 그때는 나도 좀 놀라긴 했다. 한편에서는 사람들이 '명징'의 뜻을 모를 정도로 문해력이 떨어진 거라고 한탄했다. 나는 누구 말이 맞는 거냐며 혼자 울었다.

당신 눈앞에 요지, 금일, 사흘, 명징의 뜻을 모르는 사람이 있다고 치자. 그러면 당신은 그 사람의 문해력이 낮다고 평가할 것인가. 아마 대체로 사람들은 그가 문해력이 낮다고 판단할 것이다. 그래도, 나는 한 번 더 묻고 싶다. 정말 그런가? 나도 섣불리 결론 내리기 힘들다. 그럴 수도 있고 아닐 수도 있다. 실망스러운가? 하지만 내 말을 더 들어주시라. 이 사태에 대해 다각도로 생각해 보자.

1. 그냥 몇몇 단어를 모르는 걸 수도 있다. 요지, 명징은 일상에서 안 쓰는 단어이긴 하다. 금일도 요즘은 잘 안 쓰는 추세다. '오늘'이라고 하지 굳이 금일이라고 표현할 이유가 없다. 사흘, 나흘도 3일, 4일이라고 하지 점점 안 쓰게 되는 것 같다. 그렇다면 우리는 다시 이렇게 물어야 한다. 왜 저런 단어들을 잘 안 쓰게 될까? 특정 개인이 그런 거라면 그 사람의 인간관계, 사회생활, 지적 활동 등에서 이유를 찾아야겠지만, 이것은 몇몇 개인들의 문제가 아니라 추세로 보인다는 점에서 사회

적인 차원으로 바라봐야 할 것 같다.

1-1. 세대교체 탓일 수도 있다. 기성세대들이 잘 쓰는 표현과 청년 세대들이 잘 쓰는 표현의 괴리만큼 그런 현상이 나타나는 것일 수도 있다. 기성세대들은 "그것 참 명징하다"라든가 "그래서 네 말의 요지가 뭐니?"라고 실제로 말했(었)다면, 젊은 세대들은 "그것 참 명확하네" 혹은 "네 말의 핵심이 뭐냐?"라고 말하는 쪽이 훨씬 더 빈번할 것이다.

1-2. 혹은 주요 매체가 변한 탓일 수도 있다. 종이 매체에서 전자 매체로의 변화. 매체마다 더 어울리는 표현이나 포맷이 다르다. 신문, 잡지 등에 어울리는 어휘, 문체가 있고, 메신저, SNS 등에 더 어울리는 표현과 문장이 있다. 이 지면에서 그에 대해 더 추적하는 것은 무리이다. 다만, 매체 환경이 변하여 언어생활이 달라졌다는 점, 심지어 같은 사람이라도 매체에 따라 쓰는 어휘나 표현을 달리한다는 정도는 받아들일 수 있을 것이다.

1-3. 한자에 대한 수요가 점점 낮아진 탓도 있겠다. 내가 중학생 때만 해도 웬만한 중학교에는 한자 교과목이 필수였다. 하지만 지금은 한자 교과가 있는 중학교

수가 확연히 줄었다. 대신 '일본어'나 '중국어' 등 제2외국어나, '환경' 같은 새로운 교과가 생겼다. 한자급수시험에 대한 수요도 거의 바닥을 찍고 있다. 내가 대학생 때만 해도 한자급수시험을 한 번쯤은 도전하는 분위기였다. 지금은 한자급수시험 치는 초·중·고등학생은 거의 없다. 대학생 중에도 없다. 점점 한자가 불필요하다고 인식하는 추세다. 그런데 보통 사람들이 뜻을 잘 모른다고 회자되는 사례를 보면, 대부분 한자어다. 앞서 예로 든 요지, 배상, 금일, 명징도 모두 한자어다.

2. 정말 그 사람이 무식하거나 문해력이 떨어지는 것일 수도 있다. 사흘, 금일, 명징의 뜻을 모르는 그 자체가 문제인 게 아니라, 그런 단어들의 뜻을 모른다는 건 그만큼 언어생활이 윤택하지 않았다는 증거일 수도 있다. 그만큼 책을 읽지 않기 때문일 수도 있지만, 저런 단어들의 의미는 굳이 책이 아니라도 얼마든지 접할 수 있었을 텐데, 그마저도 모른다는 건 꼭 독서의 문제라기보다는 전반적인 언어환경의 문제일 수도 있다는 말이다. 그렇다면 왜 평균적인 언어환경 수준이 떨어지는 걸까?

2-1. 전반적인 학력 저하가 현실일 수도 있다. 앞서

예로 든 단어들은, 중·고등학교 때 국어 문제집이나 수능 문제집을 조금만 봤어도, 몇 번은 마주쳤을 단어들이다. 그런데 그 뜻을 모른다는 건 그만큼 중·고등학교 때 학업에 충실하지 않았다는 방증일 수도 있다.

2-2. 꼭 학습서나 문제집이 아니어도, 주변 사람들과의 대화나 의사소통에서 저런 단어들을 한 번쯤은 들어봤을 법한데도 그러지 못했다는 건, 사람들의 언어 수준이 전반적으로 저하되고 있다는 근거일 수도 있다. 하지만 지금 우리는, 사람들의 언어 수준이 왜 떨어졌을까를 묻고 있으므로 이 이야기는 순환논증의 오류가 되고 만다.

2-3. 기성세대와의 소통 단절이 원인일 수도 있다. 과거에는 대가족이라서 3대 이상이 한집에 살았고, 또 가정 내에서도 수직적인 문화가 깔려 있어 부모님뿐 아니라 조부모님과의 대화와 소통의 기회도 많았다. 반면 지금은 대부분 핵가족이기도 하거니와 과거와 같은 수직 문화가 사라져 가는 추세라 젊은 세대들이 기성세대와 진지하게 소통할 기회가 줄어들었다.

2-4. 책을 읽지 않기 때문일 수도 있다. 예전처럼 제대로 된 책을 읽는 시간은 절대적으로 줄어들고, PC 게

임이나 휴대전화 게임 등에 상당 시간을 할애하고, 메신저로 친구들과 얄팍한 대화나 주고받는 시간이 길어졌다. 그러니 고급 어휘를 습득할 최선의 기회마저 빼앗긴 것일 수도 있겠다.

그래서 결론이 뭐냐고. 다시 말하지만, 알 수 없다. 어휘력이 낮다고 문해력이 낮다는 결론을 바로 도출하기엔 성급하다. 그렇다고 어휘력이 낮은 것과 문해력이 낮은 것은 아무 상관 없는 완전히 별개의 현상이라고 치부하고 넘어가는 것도 찜찜하다. 어쨌거나 아는 단어 수가 많을수록 글을 잘 이해할 확률이 높아지지 않겠는가. 영어 교과를 생각하면 어휘력과 독해력의 상관관계는 거의 절대적이다. 단어 뜻을 모르면 독해 문제를 풀 수조차 없다. 한국어라고 크게 다르진 않을 터이다.

그렇다면, 사람들이 단어 뜻을 모르는 것 말고, 문해력이 낮다고 할 만한 다른 사태가 있을까. 있다. 단어 외에 많이 회자되는 것이 바로 독서량 저하와 배경지식 저하다.

독서량부터 보자. 몇 년 전 설문조사에 의하면 한국인의 평균 독서량은 1년에 0.8권이다. 1년에 한 권도

채 안 된다는 것이 충격이긴 하지만 아직 놀라긴 이르다. 평균의 역설을 기억해야 한다. 독자 수준도 양극화가 심하다. 책을 정말 많이 읽는 사람들은 1년에 몇백 권을 읽는다. 그렇다는 말은 0.8권이라는 수치도 사실 독서량 상위권에 속하는 사람들이 영혼 바쳐 끌어올린 결과다. 다른 설문조사에 의하면 한국인 중 책을 아예 읽지 않는 사람의 비율이 약 49.4%라고 한다. 한국인 2명 중 1명은 책을 전혀 읽지 않는다는 말이다.

일단 독서량이 저하됐다는 말은 사실이다. 통계를 보면 그렇다. 매년 평균 독서량이 소폭 감소하고 있다. 무엇보다 10년 전만 해도 책을 아예 읽지 않는다는 사람의 비율은 40% 이하였다. 책을 읽지 않는 사람의 비율이 매년 소폭 증가하고 있다.

그런데 진짜 질문은 이 지점에서 시작한다. 독서량이 줄면 문해력이 떨어질까? 문해력 저하의 원인이 독서량 저하 탓일까? 물론 책을 많이 읽으면 문해력이 높아질 가능성이 크다는 데에는 이견이 없을 것이다. 하지만 그 말은, 독서량을 제외한 다른 모든 변수를 통제했을 때, 독서량이 높을수록 문해력이 높다는 의미다. 다른 모든 조건이 동일하다면, 책을 더 읽은 쪽의 문해력이 더 높을 것이다.

달리 말하면, 문해력에 영향을 끼치는 변수가 꼭 독서량만은 아니라는 뜻이다. 독서량이 줄었다면 그 시간에 사람들은 다른 활동을 할 것이다. 인간에게 주어진 시간 자체는 똑같으니 독서 시간만 줄고 나머지 요소는 그대로일 리 없다. 그런데 독서 대신 행하는 다른 활동들이 만약 독서보다 더 문해력을 키우는 데 도움된다면? 문해력을 높이는 방법은 꼭 독서가 아니라도 다양할 것이기에. 우리는 다시 이렇게 물어야 한다. 문해력에 대한 독서의 영향은 다른 변수들에 비해 클까? 독서가 문해력에 영향을 끼치는 상위 변수일까?

한편으론 이런 의문도 가능하다. 꼭 글을 책으로만 접할까? 현대인들이 책은 적게 읽지만 오히려 글 자체를 읽는 양은 훨씬 많아졌을지도 모른다. 당장 나의 부모님만 봐도 그렇다. 우리 부모님이 바로 앞서 말한 '책을 전혀 읽지 않는 사람들의 비율'에 포함되는 분들이다. 그런데 스마트폰으로 바꾸신 후로는 매일 인터넷 뉴스를 읽으신다. 심지어 나에게 뉴스를 요약해서 알려주신다. 10년 전만 해도 두 분은 하루 동안 제대로 된 글을 읽을 기회가 거의 없으셨다. 하지만 지금은 인터넷 뉴스라도 보시니 읽는 텍스트 자체의 양은 엄청나게 증가한 셈이다. 나는 이러한 현상이 단지 우리 부모님에게만 해당하는 특수한 사례라 생각하지 않는다. 독서량은 분명 줄었지만, 전반적인 텍스트 독해량은 늘었을 거라 확신한다.

그렇다면 책이라는 매체를 통한 독해만 문해력을 높이고, 책 이외의 텍스트 독해는 문해력과 아무 상관 없는 걸까? 그럴 리는 없을 것이다. 어떤 매체 환경에서 글을 읽든, 그 글이 제대로 된 글이라면 차이는 크지 않을 것이다. 그렇다면 독서량이 저하됐다고 문해력이 떨어졌다는 결론을 내리기는 섣부르다.

배경지식 저하는 어떤가. 배경지식이 많을수록 문해력이 높아질 거라는 데에도 크게 이견이 없을 것이다. 나 또한 동의한다. 하지만 요즘 사람들이 배경지식이 부족해서 문해력이 떨어졌다고는 생각하지 않는다. 요즘 사람들의 평균적인 지식수준이 과거 시대보다 훨씬 높다고 나는 확신한다. 그렇게 판단하는 가장 큰 이유는 유튜브다. 요즘 유튜브에는 별의별 콘텐츠가 난무한다. 단순히 먹방이나 게임 유튜버만 있는 게 아니다. 역사, 과학, 정치, 직업 소개, 운동, 요리, 건강, 각종 리

뷰, 심지어 계곡 유튜브까지, 없는 분야가 있을까 싶을 정도다. 이미 몇 년 전부터 사람들은 정보나 지식을 얻기 위해 가장 많이 검색하는 플랫폼이 유튜브라고 답하고 있다.

꼭 유튜브 때문만은 아니다. OTT의 시대가 펼쳐진 후 사람들은 과거에 비해 평균적으로 더 많은 영화나 드라마를 보고, 웹툰과 웹소설 시장 또한 이미 커질 대로 커져 있다. 그뿐 아니라 온라인 강의 플랫폼도 굉장히 많아졌고 강의의 종류와 분야도 엄청 넓어졌으며 전자책 시장과 판매량도 급증했다. 무엇이 됐든 절대적인 콘텐츠 소비량은 스마트폰 이전 시대에 비해 확실히 늘어났다. 그러므로 요즘 사람들이 배경지식이 부족하다고 말하기엔 너무 민망한 상황이다.

저 모든 논의를 뒤로하고, 어쩌면 문해력 저하는 현상적인 착각인지도 모르겠다. 우린 종종 이런 말을 하곤 한다. 요즘 사회가 미쳐 날뛰는 거 아니냐고, 왜 이렇게 흉악 범죄가 많아졌는지 모르겠다고 말이다. 하지만 실제로 범죄 통계를 보면 범죄율이 높아졌다는 걸 확인할 수 없다. 다만, 조금만 이슈가 될만한 범죄는 언론과 미디어에서 하도 집중 조명 하고 언급을 많이해서 대중과의 접촉 횟수가 높아진 탓이 크다. 가령 사람들은 영화 〈살인의 추억〉의 실제 모티프가 된 화성 연쇄살인 사건에 대해, 영화가 나오기 전까지는 알지도 못했다. 지금 같았으면 정말 전 국민이 다 알았을 것이다. 80~90년대만 하더라도 뉴스나 신문 말고는 외부 세상의 소식을 알 채널이 없었으니 당연한 일이었겠다.

문해력 저하 현상도 어쩌면 저와 같은 거 아니냐고 생각할 수도 있다. 인터넷이 보편화되기 전에는, 평범한 개인이 자기 의견을 표현할 기회란, 사적 대화 말고는 거의 없었다. 사적 대화에서 상대방이 특정 단어를 모르거나 내가 말한 문장이나 말을 잘못 이해하더라도, 그 순간의 혹은 그 사람과의 해프닝이라 생각하면 그만이었을 것이다. 지금은 온라인에서 그러한 해프닝을 올리면, 댓글로 동조하는 사람들이 많이 생긴다. 나도 그랬다, 나도 그랬다, 하고 말이다. 과거라면 각자의 해프닝으로 끝날 일이, 점점 사례가 쌓이니 공론화된 건 아닐까. 더 나아가, 온라인상에서는 글을 쓰고 의견을 주고받을 일이 엄청나게 많아졌기에 사람들이 자신의 결함을 드러낼 기회 또한 많아진 게 아닐까. 오프라인에서도 온라인에서도, 언어적 무지함을 들킬 확률이 커진 건 아닐까. 나는 그럴 가능성도 배제할 수 없다고 생각한다. 하지만 그에 대해서는 의도적으로 배제하려 한다. 그에 대한 이유는 이 책 전체를 통해 알게 될 테니, 지금은 그저 나의 주관적 편향을 용서해 달라고만 말하고 싶다.

정리하자. 1차적으로 어휘력, 독서량, 배경지식과 문해력의 긍정적 상관관계에 대해서는 대체로 동의할 것이다. 그런데 요즘 젊은이들의 어휘력이 떨어졌다고 단정하기는 아직 이르다. 세대 변화나 매체 변화 등에 따른 언어의 가변성 탓일 수도 있고, 한글전용이 완전히 정착한 이후 한자에 대한 관심과 교육이 떨어진 탓일 수도 있다.

종이책 소비가 줄어든 것은 맞지만 그것을 상쇄하고 남을 만큼 활자를 읽는 양은 절대적으로 늘었다. 사람들의 평균적인 배경지식 또한 상당히 늘었으며 그 스펙트럼이 다양해졌다. 그러므로 독서량과 배경지식이 부족해 문해력이 떨어졌다는 분석은 유의미하지 않아 보인다. 다만 어휘력에 관해서는 지금으로서는 판단 보류다.

다시 처음의 질문으로 돌아가 보자. 요즘 사람들의 문해력이 저하된 게 사실인가? 아니면 꼰대들의 기우인가? 문해력이 떨어진 게 사실이라면 그 원인은 무엇일까? 나는 일단 사람들의 문해력이 떨어졌다고 가정하려 한다. 그렇게 가정하는 이유를, 문해력 자체에 대한 근본적인 고찰에서 찾으려 한다. 그 과정에서 자연스럽게 문해력이 저하되는 원인과 해결책까지 도출될 것이다.

文解力

01

문해력을
다시 생각한다

만화책《신의 물방울》애독자였다. 신간이 나오자마자 단행본을 주문해서 읽었다. 자연스레 와인의 세계에 빠져들었고 급기야 소믈리에를 꿈꾸며 전문가 수업을 듣기까지 했다. 하루에 50종의 와인을 블라인드 테이스팅을 할 때는 정말 머리가 핑 돌았다. 만화에서는 한 모금만 입에 머금어도 하와이가 펼쳐지고 모나리자가 나타나는데, 내게 떠오르는 이미지는 왜 이리도 가난하고 얄팍할까. 머리를 쥐어뜯는 나날이었다.

문해력 저하 이슈가 나왔을 때, 실은 나도 문해력이 떨어지는데, 하며 한탄했었다. 나는 소설을 잘 못 읽는다. 왜냐하면 묘사 글을 읽으면 그 이미지가 잘 안 떠오르기 때문이다. 나만 그런가 싶어 지인들에게 물어보니 글을 읽으면 이미지가 생생하게 떠오른다는 사람들이 많았다. 역시, 내 문제구나 싶었다.

소설 문해력이 낮은 자신을 탓하면서 문득 와인 테이스팅 능력이 떨어져 한탄하던 날들이 떠올랐다. 글을 읽고 이미지를 떠올리지 못하는 것과 와인을 맛보고 이미지를 떠올리지 못하는 게 연관이 있을까, 하고 말이다. 나의 내면에서 그 둘이 어떤 연관 관계가 있는지는 여전히 알 수 없지만. 다만 확신할 수 있는 건, 무언가를 감각하고 그에 대한 이미지를 떠올리는 과정은, 그 대상이 글이건 소리이건 맛이건 향이건 다 같을 거라는 추측이다.

    종종 우리는 가사 없는 곡을 들으면서도 어떤 정취에 잠긴다. 그것은 박자 때문일 수도 있고 멜로디 때문일 수도 있다. 그러니까 순수하게 소리로만 우리는 어떤 이미지를 떠올릴 수 있고 특정한 감정 상태에 빠질 수 있다. 그것은 글을 읽고 이미지를 떠올리거나 의미를 파악하는 능력과 다르지 않을 것 같다. 그렇다면 그에 대해 좀 더 탐구해 보면 어떨까. 나의 고민은 그때 시작되었다.

♦
♦
♦

　문해력이 무엇이고 어떻게 작동하는지를 고민해 보
자는 취지이니만큼, 일단 내가 문해력을 어떻게 이해
하는지를 밝혀야겠다. 일반적으로 문해력이라 하면,
말을 듣거나 글을 읽고 그것의 의미를 이해하고 파악
할 수 있는 능력을 일컫는다. 하지만 나는 문해력을 그
런 좁은 의미로 받아들이지 않는다. 문해력이란, 뭐가
됐든 대상의 의미를 이해하는 능력이다. 그 대상을 말
이나 글에 한정할 필요는 없다. 상대방의 표정일 수도
있고, 제스처일 수도 있고, 상황일 수도 있다. 암호일
수도 있고, 색깔일 수도 있고, 소리일 수도 있다. 세상

모든 것 다 될 수 있다. 본격적인 논의를 하기 전에 일단, 내가 왜 그렇게 생각하는지를 밝히고 독자들의 동의를 구하려 한다.

통상적인 문해력, 즉 말과 글을 이해하는 능력은 인간의 생득적 능력이 아니다. 그 능력은 철저하게 후천적이다. 왜냐하면 말도 글도 사회적인 학습 없이는 불가능하기 때문이다. 다만 말을 알아듣고 발화하는 능력은 인위적인 노력 없이 말에 충분히 노출되는 환경만 주어진다면 저절로 습득 가능하다. 반면 글을 읽고 쓰는 능력은 노력해서 학습하지 않으면 습득할 수 없다. 그럼에도 말과 글, 둘의 공통점은 저절로 얻게 되는 능력이 아니라는 점이다.

저 말의 의미를 좀 더 세심히 이해해야 할 필요가 있다. 왜냐하면 인간은 태어날 때부터 말과 글을 배울 수 있는 능력 자체를 가지고 태어났다고 생각하는 것이 일반적이기 때문이다. 물론 우리 인간은 그런 능력을 가지고 태어났다. 이에 대해서는 촘스키에게 감사할 일이자 그를 저주할 일이기도 하다. 그는 '생성문법'이라는 개념을 통해 인간이 언어를 쓸 수 있는 능력을 선천적으로 가지고 태어났다고 주장했다. 20세기 중후반 언어학에서 촘스키의 영향력이 대단했는데, 덕분에 꽤 최근까지도 인간이 언어 습득 능력을 선천적으로 타고났다고 믿는 사람들이 많았다. 그런데 그것은 절반 정도만 맞는 말이다.

그 이유는, 내가 여기서 중요하게 지적하고 싶은 점인데, 인간 뇌가 처음부터 말과 글을 이해하고 사용할 수 있도록 적합하게 태어난 건 아니기 때문이다. 최근 신경과학은 인간 아기의 뇌가 말을 알아듣거나 글을 읽을 수 있는 능력을 가진 채 태어나지 않는다는 걸 밝혀냈다. 인간 아기는 말과 글을 접하고 배울 때, 뇌가 그에 맞게 적응하고 변해간다. 정리하자면, 다른 동물은 애초에 말과 글을 배울 수 없는 뇌를 가졌지만, 인간은 말과 글을 배울 수 있는 뇌를 가졌으나, 그렇다고 인간 뇌가 처음부터 말과 글을 학습하기 위한 고유한 영역을 가지고 태어나는 건 아니라는 말이다. 이게 포인트다. 처음부터 말과 글을 학습하기 위해 별도로 마련된 뇌의 영역이란 건 없다.

지금까지 말을 하지 않는 인간 사회가 있었는지는 알 수 없으나, 글을 쓰지 않는 사회는 얼마든지 있었다. 시간적으로는 글이 없는 사회가, 글이 있는 사회보다 압도적으로 길었다. 서양의 경우 400년 전까지만 해도 대부분의 사람들이 문자 없는 삶을 살았다. 구성원 대부분이 문맹이었다. 동양은 더 최근까지도 그랬다.

세계 최초의 문자가 나타난 시점을 6천 년 전으로 추정하고 있다. 호모 사피엔스의 역사 20만 년 중 대략 19만 9천5백 년 이상은 대부분의 사람이 문자 없이 살았고, 19만 4천 년 동안은 아예 문자 자체가 없는 사회가 이어졌다. 그래도 그들은 아무 문제 없이 잘 살았다. 지금이야 국민국가의 의무교육으로 대부분의 사람들이 자연스럽게 문자 생활을 하고 있기에, 마치 문자 생활이 인류의 보편적 특징이라 생각하는 경향이 있다. 하지만 문자 생활은 지금 시대의 사람들만 누리는 아주 특수한 현상임을 기억해야 한다.

그런 차원에서 본다면, 현시대 사람들의 문해력 저하 현상은 급격한 매체 변화에 따른 일시적 아노미 현상인지도 모르겠다. 정말 그런지 어떤지는 시간이 지나봐야 드러나겠지만, 우리는 그러한 관점도 배제하지 말아야 한다. 다만 나는 저 관점을 더 깊이 파고들 의지가 없다. 나의 관심은 오직 문해력 자체의 메커니즘을 고찰하는 데 있다.

언어 능력은 철저히 문화적인 레벨의 문제다. 1만 년 전, 10만 년 전 인간의 생물학적 특성/능력과 지금 인간의 생물학적 특성/능력은 거의 같다. 생물학적 차이는 없고, 오직 문화적 차이로 인해 과거의 인간은 문자를 쓰지 못했고, 지금 우리는 문자를 쓸 수 있다. 인간은 문자를 쓰고 읽을 수 있도록 진화하지 않았다. 그렇다면 문자 습득은 어떻게 가능한가?

기존에 있던 다른 능력을, 문자를 읽는 데에 당겨쓰기 때문이다. 뇌 가소성. 인간 뇌는 죽을 때까지 뇌세포 사이에 새로운 연결을 형성할 수 있고, 기존 연결을 끊을 수도 있다. 물론 그 정도는 나이에 따라 많이 달라진다. 인간 아기는 성인 뇌의 1/4 정도 크기로 태어난다. 그만큼 미완성이라는 말이다. 아기 뇌는 2차 성징까지 폭발적으로 자란다. 유전자가 뇌를 만드는 비율보다 환경이 뇌를 만드는 비율이 더 크다. (아주 단순 무식하게 생각하면, 유전자 1, 환경 3이다)

생물학적으로 인간의 뇌는 소리 자체를 들을 수 있도록 태어났다. 그런데 특정 언어를 반복적으로 듣게 되면 그와 관련된 청신경이 언어 이외의 소리를 감지하는 것과는 다른 독자적인 방향으로 발달한다. 쉽게 말

문해력을 문해하다

해, 자연의 소리를 듣도록 생물학적으로 진화한 뇌세포 일부를, 언어를 듣고 이해하도록 후천적으로 당겨 쓴다는 말이다. 문자 쪽도 똑같다. 원래는 외부 세계를 볼 수 있도록 진화한 시신경 일부를, 문자를 읽고 쓸 수 있도록 빌려서 쓰게 된 것이다. 그런데 그렇게 막 당겨 쓰다가 원래 써야 할 청각적, 시각적 능력이 떨어지면 어떡하냐고? 걱정 붙들어 매시라. 뇌세포 수는 지금도 남아돌고, 뇌세포끼리 연결할 수 있는 경우의 수는 천문학적이다. 그에 대해서는 뒤에서 자세히 논하겠다.

누군가 나에게 "사랑해"라고 말한다 치자. 자연의 입장에서는 그저 공기의 파동일 뿐이다. 뇌의 입장에서 "사랑해"라는 소리 파동을 듣는 것과 사자의 발소리를 듣는 것은 본질적으로 같다. 애초에 둘을 관장하던 뇌세포 영역도 같았다. 그 말은, "사랑해"를 듣고 그 말뜻을 이해하고 설레는 감정을 느끼는 신경학적 과정이나, 사자 발소리를 듣고 사태를 파악해 소름 돋기까지의 신경학적 기제가 똑같다는 뜻이다.

시각 영역에서의 문자도 마찬가지다. 흰 종이 위에 "사랑해"라고 쓰인 글자는 자연의 입장에서는 검은색 얼룩일 뿐이다. 잉크의 구불구불한 배열이다. 뇌의 입

장에서는 "사랑해"라는 얼룩을 보는 것과 나뭇잎의 형
태를 보는 것이 다르지 않다. 그러므로 "사랑해"라는
얼룩의 의미를 이해하고 므흣해지는 신체 반응과 나뭇
잎의 형태를 보고 먹을 것이 늘었음에 흐뭇해하는 몸
의 원리는 동일하다.

그러므로 문해력을 꼭 말과 글의 의미를 이해하는 능
력으로 국한할 필요가 없다. 코뿔소의 발자국을 보고
얼마 전에 코뿔소 무리가 지나갔음을 눈치채는 직관이
나, 새소리를 듣고 무슨 새인지 추론하는 판단력이나,
엄마 아빠의 표정을 보고 오늘 밤은 얌전히 공부만 해
야겠다고 단념하는 눈치나, 뇌의 차원에서는 모두 같
은 능력이다. 문해력이란 외부의 감각 정보를 통해 그
것의 의미를 추론하고 파악하는 능력 전반이다. 이 책
에서 나는 이 관점을 계속 유지할 것이다.

文解力

02

언어의 의미 1

- 소쉬르 vs 비트겐슈타인

동료 강사의 부탁으로 간호대 졸업생의 자소서를 봐주게 됐다. 병원에 취업하기 위한 자소서였다. 훑어보니 휘황찬란한 타이틀의 활동이 많았다. 하나씩 다 어떤 활동인지 물어보았다. 모두 대학교에서 하는 프로그램이란다. 그래서 나는, 간호대생 모두가 다 해야 하는 활동인지, 개인이 지원해서 하는 건지 물었다. 간호대생 모두가 필수적으로 하는 활동이란다. 띠용? 당황스러웠다.

그 학생의 거주지엔 간호대가 딱 하나밖에 없다. 그렇다면 그 학생이 지원하려는 병원에는, 특별히 외지에서 오는 이가 없는 한, 모두 같은 대학교의 간호대생 졸업자가 지원할 것이다. 따라서 그 학생이 자소서에 쓴 활동들은 나머지 모든 지원자가 다 했을 활동이다. 모든 지원자가 다 하는 활동을 자소서에 쓴다는 건, 그냥 아무것도 쓰지 않는 것과 같다. 그 학생은 자소서의 의미에 대해 전혀 생각하지 않은 것이다.

채점관은 모든 지원자의 자소서를 읽은 다음에 거기서 우열을 가린다. 사실 자소서를 5개만 읽어봐도 그중 누가 더 나은지 바로 판단된다. 내 눈에도 그게 보이는데. 매년 수백에서 천 단위의 자소서를 보는 면접관이나 인사팀의 눈에는 훨씬 더 예리하게 감별될 것이다. 내 자소서의 가치는 다른 모든 지원자와의 비교와 차이에서만 비롯된다. 남이 하지 않는 나만의 개성적인 활동을 어필하는 지면이 바로 자소서다. 식당을 홍보하면서 우리 가게에는 숟가락과 식탁이 있다고 홍보하지는 않잖은가.

아름다움이란 무수한 추함에 대비해서 존재하는 것이기에. 초미남 배우가 미남일 수 있는 이유는 평범한 오징어남들이 있기 때문이다. 만약 그 배우가 자신과 비슷한 외모를 지닌 사람들이 사는 사회로 옮겨간다면, 그는 그저 그런 평범남이 될 것이다. '정의란 무엇인가'를 수업했을 때 한 학생이 쓴 글이 기억에 남는다. 그는 자신이 똑똑해서 학교 성적이 좋은 거라 생각했었단다. 그런데 그게 아니라 성적이 낮은 다른 학생들이 있기 때문에 상대적으로 자신의 성적이 좋은 것임을 깨달았다고. 이 학생은 나중에 자소서를 쓸 때 저 간호대생과 같은 실수를 하지 않을 거라고 확신한다.

◆
◆
◆

　이제 문해력이 어떻게 작동하는지에 대해 본격적으로 논의하려 한다. 우선 통상적인 문해력부터 시작하자. 인간이 말이나 글을 통해 어떻게 의미를 재인하는지 말이다. 그를 위해 먼저 언어 자체가 어떻게 의미를 형성하는가 하는 점을 고민할 것이다. 그런 다음에 인간 뇌가 어떻게 의미 자체를 해석하는가 하는 점을 살펴볼 것이다. 그 둘은 결국 끝에서 만난다. 나는 그 길을 보여줄 것이다. 우선 언어 자체의 의미 생성 원리에 대해 알아보자.

　여기서는 많은 학자들의 도움을 받을 텐데, 먼저 두

사람을 모시겠다. 소쉬르와 비트겐슈타인이다. 소쉬르는 의미란 차이에서 발생한다고 보았다. 가령 '포도'의 의미는 '포도'라는 단어에 들어 있는 게 아니다. 사람들이 지금부터 '포도'를 '푸두'로 바꿔 부르기로 약속한다면, 이제 보라색 알알이 열린 과일은 '푸두'로 통용될 것이다. 실제 이런 일은 늘 일어나고 있다. 다만 시간이 오래 걸릴 뿐. 가령, 조선 시대에는 '가람'이라 부르던 것을 지금 우리는 '강'이라 부른다. 그 외에 현재 우리가 쓰는 거의 모든 단어는 형태나 발음이 조금씩 변한 것들이다. 처음 그대로인 것은 거의 없다.

다시 '포도'로 돌아가자. 이번엔 '포도'와 '멜론'과 '망고'를 서로 바꿔 부르기로 약속했다고 치자. '포도'를 '멜론'으로, '멜론'을 '망고'로, '망고'를 '포도'로. 그래도 언어 사용에 아무 이상이 없으며, 의미 작용은 똑같이 작동한다. 결국 '포도'도 '멜론'도 '망고'도 언어 자체에서 의미가 발생하는 건 아니다. 언어는 전체적으로 하나의 체계를 이룬다. 그 체계를 이루는 요소들은 그 자체 내재적으로 의미를 가지지 않는다. 다만 그 요소들 간의 차이로 인해 의미가 발생한다. 다른 예를 들어보자.

노래 대회가 열렸다. 참가자는 10명. 첫 번째 참가자가 노래를 불렀고 바로 점수를 받았다. 82점. 이 참가자는 기뻐해야 할까 아쉬워해야 할까. 알 수 없다. 왜냐하면 82점 그 자체에는 아무 의미가 없기 때문이다. 남은 9명 참가자의 점수가 다 나와야 비로소 자기 점수의 의미를 알 수 있다. 만약 뒤에 9명 참가자들이 모두 60~70점대 점수를 받는다면 82점을 받은 첫 참가자는 1등이 된다. 반대로 남은 9명이 모두 90점대 점수를 받는다면 첫 참가자는 꼴찌가 된다. 언어가 의미를 발생시키는 원리도 그와 같다. 단어 혼자서는 아무것도 할 수 없다. 모든 단어들의 차이와 그 차이에 따른 위상에 의해 의미와 용법이 사후적으로 결정된다.

원래 소쉬르가 들었던 예시는 체스였다. 체스 말의 기능과 역할은 말의 재질이나 모양에서 비롯하는 게 아니다. 만약 말 하나를 잃어버려 그 말을 대신해 지우개를 쓴다고 해도 아무 상관 없다. 아니, 말을 다 잃어버려서 그것들을 전부 병뚜껑이나 접은 종이 뭉치로 대체해도 게임은 정상적으로 작동한다. 게임 말의 기능과 역할은 그것의 형태나 소재와는 무관하다. 말의 기능과 역할은 게임 전체의 규칙과 체계에서 발생한다. 언어도 그와 같다. 의미는 언어 자체의 소리(말)나

형태(글자)와는 아무 관련이 없다. 해당 언어 전체의 규칙과 체계 내에서 차지하는 각 단어의 위상의 차이에서 의미가 생긴다.

그에 대해 청년 비트겐슈타인은 가혹하게 반대했을 것이다. 실제로 비트겐슈타인이 소쉬르의 언어관에 직접적으로 반대하거나 비판한 적은 없다. 다만, 초기에 그의 생각이 확실하게 소쉬르와는 반대된다는 걸 알 수 있다. 그의 생각을 들여다보자. 참고로 나는 그의 생각을 이해하기 쉽게 내 나름대로 재구성할 것이다.

실제로 나는 러시아어를 전혀 모른다. 그런 내가 러-러 사전을 구입해 그걸 통독하여 완전히 다 숙지한다면, 나는 러시아어의 의미를 깨칠 수 있을까. 소쉬르의 생각대로라면 러시아어의 모든 단어를 러시아어로 다 습득했으므로 의미를 알 수 있어야 한다. 하지만 실제로는 아무런 의미를 알 수 없다. 애초에 나는 러시아어의 의미를 모른다. 러시아어 사전에는 러시아 단어의 뜻을 역시 다른 러시아 단어들로 설명해 놓았다. 아는 단어가 하나도 없기 때문에 나는 러시아 단어 사이의 관계는 추론할 수 있을지 몰라도, 여전히 그것들 하나하나가 가진 뜻은 알 수 없다.

훗날 수학자 쿠르트 괴델이 수학에서 충격적인 정리를 발표한다. (언어 얘기 하다가 갑자기 수학 얘기 한다고 화내지 말고 조금만 참아주시라!) 그 정리 덕분에 수학계는 난리가 났고, 그 난리는 사실상 지금도 해결되지 못한 채 남아 있다. 불완전성 정리. 수학에 있는 모든 법칙은 그 자체로 증명될 수 없다는 내용이다. 심지어 1+1=2 라는 것조차도 말이다. 이해를 돕기 위해 수학에는 오직 5개의 법칙만 있다고 가정하자. A, B, C, D, E. 만약 A가 옳다는 걸 증명하려면 나머지 B, C, D, E를 끌어다 써야 한다. B가 옳다는 걸 증명하기 위해서는 A, C, D, E를 근거로 대야 한다. 이런 식이라면 결국 5개 법칙 어느 하나도 증명된 게 아니다. 순환논증의 오류가 되고 만다.

괴델의 불완전성 정리를 훗날 자크 데리다가 계승한다. 결정 불가능성. 하나의 체계는 그 자체 내재적으로 의미를 자생시킬 수 없다. 다시 위의 러시아 사전 이야기로 돌아가자. 논의를 단순화하기 위해 러시아어에는 단어가 딱 5개만 있다고 가정하자. a, b, c, d, e. a의 의미는 b, c, d, e로 풀이될 것이다. b의 의미는 a, c, d, e로. 그런 식으로 5개 단어의 뜻이 풀이된다면, 결국 어느 단어 하나도 제대로 의미 지어지는 게 아니다. 그러므로 하나의 체계는 자기 스스로 의미를 발할 수 없는 것이다. 언어 또한 마찬가지이고 말이다.

그렇다면 의미는 어떻게 발생하는가. 바로 현실과의 대응에서 발생한다. 청년 비트겐슈타인이 제안한 '그림이론'이다. 지도를 생각하면 이해가 빠를 것이다. 지도의 한 지점은 반드시 현실의 한 지점을 지시한다. 지도와 현실은 일대일대응 관계이다. 지도의 한 지점은 2개 이상의 현실을 지시하지 않으며, 현실의 한 공간 또한 지도에서 둘 이상의 지점으로 표현되지 않는다.

비트겐슈타인은 언어와 현실의 관계 또한 마찬가지라고 보았다. '멜론'이 멜론을 뜻하려면 반드시 언어와 현실이 연결 지어져야 한다. 언어의 의미는 언어와 현실의 연결고리에서 발생한다. 그러므로 나는 러시아어 사전만으로는 러시아어의 의미를 터득할 수 없다. 반드시 러시아어 단어 하나라도 그것이 지시하는 현실의 대상을 알아야만 한다.

서양철학이 2천5백 년 가까이 헛발질해 온 이유가, 그간 모든 철학자들이 언어의 본질을 제대로 파악하지 못한 잘못이란다. 사랑, 자유, 평화 이런 말들에는 대응할 현실이 없다. 대응할 현실이 없다는 건 해당 단어의 의미가 불분명하다는 뜻이다. 그렇기 때문에 연인끼리 함께 사랑을 속삭일 때 오해가 발생하고 파국으로 치닫기 마련이다. 자유도 평화도 마찬가지다. 그것을 지시할 현실이 없기 때문에 의미가 널뛴다. "말할 수 없는 것에 대해서는 침묵하라" 청년 비트겐슈타인의 최종 결론이다. 그리고 그는 철학계를 떠나 시골로 가버렸다. 자신이 철학의 근본 문제를 해결했다고 판단했기 때문이다. 그에게 더 이상의 철학은 무의미했다.

文解力

03

언어의 의미 2

– 청년 비트겐슈타인 vs 러셀

한 학생이 이런 질문을 했다.

"치아와 이가 어떻게 다른가요?"

너무 어려운 질문이었지만 나는 답해야 했다.

"치아는 한자어이고 이는 고유어인데 보통 한자어를 쓰는 게 조금 더 격식을 갖추고 고급스러운 뉘앙스를 주지"

아, 이게 아닌데. 저 답변은 좋은 답이 아니다. 하지만 나는 다시 생각해도 둘의 차이를 잘 모르겠다.

'치아'를 쓸 자리에 '이'를 써도 그만이고, 반대도 마찬가지다. 다른 외국어도 사정은 비슷할 듯한데, 한국어에는 동의어가 무척 많다. 그 경위를 나는 크게 2가지로 추론한다. 하나는 서로 다른 신분이 쓰던 말이 신분제 폐지로 인해 합쳐진 것. 위와 같은 예시처럼 한자어는 주로 양반층에서, 고유어는 평민층에서 썼던 말일 테다. 그러니까 신분사회에서는 신분에 따라 사용하는 언어의 체계 자체가 나누어졌을 가능성이 크다. 그러던 것이 신분제가 폐지되고 평등사회가 오면서 각 계층이 쓰던 언어 체계가 산술적으로 합쳐져 지금처럼 동의어가 생기게 된 경우를 생각해 볼 수 있다.

다른 하나는 지역적 결합이다. 과거에는 교통의 부재로 지역 간 소통이 활발하지 않았을 것이다. 지역 간 소통은 주로

관의 차원에서 이루어졌을 것이므로 양반층의 언어 위주로 소통이 이루어졌을 것이다. 따라서 한자어가 통용됐을 확률이 크다. 반면 평민층의 언어로 지역 간 소통이 이루어지는 경우는 드물었을 것으로 생각된다. 그러던 것이 역시 교통 발달로 지역적으로 통합되고 하나의 표준어 체계가 구성되면서 몇몇 지방어가 그대로 표준어에 포섭되어 동의어가 됐을 경우를 상정할 수 있다.

언어의 역사성을 보면 생물의 진화와 많이 닮았다. '진화의 관성'이라는 개념이 있다. 원래 다윈이 주창했던 진화론은 라이프니츠의 '최선설'과 닮았었다. 현재 살아남은 생물종의 형질이 가장 좋기 때문에 지금까지 생존할 수 있었다는 발상이다. 그러니까 현재의 생물종이 지금까지 모든 생물 중에 최선이라는 말이다. 그에 대해 후대 진화생물학자들은 반기를 들었다. 생존에 불리하지만 않으면 살아남을 수 있다고 말이다.

진화란 우연한 변이들의 순차적인 축적이다. 예기치 못한 변이가 발생한 후 생명체의 생존력이 비슷하거나 조금이라도 높아진다면 그 변이는 살아남아 유전된다. 그런 식으로 변이에 변이가 지속적으로 쌓인 결과물이 지금의 우리들이다. 언 발에 오줌 누는 것과 같은 미봉책으로 문제를 해결하는 저급

의 기술자와 같은 방식으로 진화는 이뤄져 왔다. 그렇기 때문
에 최선과는 거리가 멀다. 계획적이지 않고 즉흥적이며, 체계
가 없고 무작위적이다.

　생명체를 일종의 체계로 본다면, 진화란 기존의 체계 위에
새로운 체계를 얹는 것과 같다. 그렇게 본다면 언어의 역사성
도 마찬가지 아닐까. 언어의 변화란 기존의 체계를 수정하거
나 갈아치우는 게 아니라, 그 위에 새로운 체계가 덧대어지는
식으로 변해왔다. 그래서 동의어가 많고, 문법을 하나의 규칙
으로 설명할 수 없으며, 예외적인 용법이 많은 것일 테다.

♦
♦
♦

　비트겐슈타인은 정말 철학의 근본 문제를 해결한 것일까. 당연히 지금의 우리는 답을 알고 있다. 그는 아무것도 해결하지 못했다. 당시의 비트겐슈타인 또한 언어에 대해 편협한 생각을 가지고 있었다. 시대의 한계도 있었을 테지만, 개인적으로는 귀스타브 플로베르의 악영향 탓이 아닐까 싶다. 일물일어설(一物一語說). 하나의 사물에는 하나의 단어만 적합하다는 뜻이다.

　작가 플로베르는 문장을 쓸 때 적확한 표현은 오직 하나뿐이라는 생각으로 글을 썼다. 그 정도로 세계에 대한 이해와 표현에 심혈을 기울여야 한다는 뜻이리라.

그런데 플로베르의 그러한 생각이 수많은 사람을 괴롭혀 왔다. 심지어 그가 죽은 지 150년이 다 돼가는 21세기 한국에도 여전히 플로베르의 일물일어설에 감격하는 사람들이 있으니 말 다 했다. 그 영특했던 비트겐슈타인마저 청년 시절에는 그 자장에서 벗어나지 못했다니 영 이해가 안 되는 건 아니다. 그래도 나이 든 비트겐슈타인은 자신의 잘못된 생각을 깨닫고 다시 철학계에 컴백한다. 그의 컴백 이야기는 조금 뒤로 미루겠다.

그 전에 하나 짚고 넘어갈 점은, 청년 비트겐슈타인의 의도는 애초에 플로베르의 일물일어설과 같은 세계관을 비판하기 위함이었다. 플로베르는 세계는 반드시 하나의 언어로 치환된다고 주장한 반면, 비트겐슈타인은 언어로 표현할 수 없는 세계가 있다고 했으니 말이다. 비트겐슈타인의 '그림이론'은 플로베르 언어관에 대한 비판을 의도하면서도 여전히 일물일어적 언어관 자체를 극복하진 못했다는 한계점이 있다.

일물일어적 세계관의 시작은 다시 그때로부터 200년 더 전으로 거슬러 올라간다. 고트프리트 빌헬름 라이프니츠. 그는 언어를 수학처럼 만들고 싶어 했다. 사람들 사이에 갈등과 문제가 생기는 이유를, 언어가 수학처럼 정확하지 않다는 데서 찾았다. 언어와 현실이 마치 함수처럼 정확하게 일대일대응이 되도록 만들어야 한다는 게 그의 목표였다. 라이프니츠가 심은 씨앗은 250년 넘게 무럭무럭 자라 지금의 컴퓨터 언어를 만들었다. 하지만 이제는 컴퓨터 공학자들도 알게 되었다. 언어는 수학과 같을 수 없다는 것을. 라이프니츠의 발상은 근본적으로 오류였던 것이다. 그런 이유로 인공지능은 인간의 의식과 같아질 수 없다. 처음부터 출발점이 달랐다. 이에 대해서는 책의 뒷부분에서 다시 논의하겠다.

본 이야기로 돌아오자면, 사람들이 언어와 현실의 관계를 짝짓기로 오해하게 된 데에는, 뒤늦게 커뮤니케이션학에서 뒷발질한 탓도 있다. 유명한 커뮤니케이션 이론에 의하면, 미디어학자들은 소통 행위를 다음과 같이 이해한다. '송신자'가 '매개체'를 통해 '메시지'를 '수신자'에게 전달하면 '반응'이 일어난다고 말이다. 이 도식에서 언어는 의미를 전달하는 수단 혹은 그릇으로 이해된다. 송신자가 의미 또는 의도를 언어라는 그릇에 싸서 수신자에게 전달하면 수신자는 그릇을 벗기고 그 안에 든 의미를 꺼내어 이해할 수 있다는 발상이다.

저 이론은 커뮤니케이션학에서는 아주 기초적인 이론으로 아직도 대학에서 기본적으로 가르치는 내용이다. 그런데 저런 도식과 관점은 언어에 대한 오해를 더욱 증폭시킬 뿐이다. 왜 그런지 자세히 살펴보자.

대학원생 시절 비트겐슈타인의 교수였던 버트런드 러셀은 청년 비트겐슈타인의 견해와 반대되는 관점을 내놓았다. 엄밀히는 비트겐슈타인에게 반대한 게 아니라 라이프니츠의 언어관에 대한 회의에서 시작된 것이었다. 러셀은 라이프니츠가 제시한 완전무결한 수학적 세계가 진실인지 파악하는 데 청춘을 보냈는데, 그와 동일한 맥락에서 언어에 대해서도 사고한 게 아니었나 싶다. 러셀에 따르면 자유, 사랑, 평화 같은 추상명사뿐 아니라 멜론, 의자, 심지어 유재석 같은 고유명사마저도 실은 일대일대응이 아니다. 일반명사까지는 고대 그리스 때부터 논의된 이야기이니 새롭진 않다. '멜론'이라는 언어가 지시하는 현실의 그 과일은 이 세상에 무수히 많고 앞으로도 그럴 것이다. 그러니 '멜론'이라는 말은 그 대상들의 공통점을 추출한 추상화된 언어임에 틀림없다.

그렇다면 '유재석'은 어떤가(동명이인 같은 딴지는 집어넣자). 확실히 '유재석'은 세상에 단 한 명뿐이다. 유전자 복제를 하고, 똑같은 이름을 붙인다 해도 같은 존재일 순 없다. 그러면 '유재석'이라는 명칭은 추상이 없는 완벽한 구상 아닌가. 러셀에 의하면 절대 아니다. 왜냐하면 실제 우리가 보는 유재석은 수없이 많은 빛 조각의 합성이기 때문이다. 시각적으로만 보자면, 유재석을 구성하는 원자들이 빛을 반사해서 나의 안구에 전달하는 것이다. 유재석이 내 안구에 반사시켜 준 정보의 파편들은 매 순간 다르다. 그러니 지금 이 순간 내가 유재석을 만날 때 받는 그의 (시각적) 정보값은 어제 만났을 때와도 다르고 내일 만날 때 또 다르다. 매 순간 눈에 쏟아지는 빛의 파편들의 (총합도 아닌) 찰나의 일정합을 우리는 '유재석'이라 부르는 것이다. 이때 '총합이 아닌' 이유는, 내가 평생 유재석을 보는 건 아니기 때문이다. 우리는 특정한 시간 동안만 그를 만나고 그를 인지하고 그를 명명할 뿐이다. 유재석의 모습은 만나는 사람에 따라 다 다르고 같은 사람이 보더라도 매 순간 다르다. 각자 자신이 수용한 정보값을 취합하여 '유재석'이라 부르므로 고유명사 또한 지극히 추상적일 수밖에 없다. 그것은 청각을 포함한 다른 오감에서도 동일하다.

위 생각을 좀 더 쉽게 이해하기 위해 디지털 사진을 생각해 보자. 인터넷에 '유재석'을 검색하면 유재석을 찍은 이미지 파일이 무수히 검색된다. 그 이미지 파일은 픽셀로 이루어져 있다. 유재석을 구성하는 이미지의 픽셀값 하나하나는 모두 다르다. 우리는 그 픽셀값의 총합을 '유재석'이라 부른다. 검색된 유재석 이미지 A를 구성하는 픽셀값과 이미지 B를 구성하는 픽셀값은 다를 것이다. 그처럼 모든 이미지의 픽셀값이 다 다름에도 불구하고 우리는 각각의 이미지를 다 '유재석'이라고 지칭한다. 앞으로 유재석을 찍은 사진은 또 무수히 인터넷 공간에 업로드될 텐데, 그것들의 데이터 값은 과거의 사진 파일과는 또 다를 것이다.

정말 엄정하게 언어를 사용한다면, 우리는 그 빛 조각 하나하나에 다 이름을 부여해야 한다. 디지털 이미지라면, 픽셀 하나하나에 다 명칭을 붙여야 한다. 하지만 우린 그럴 수 없다. 그렇기 때문에 언어는 필연적으로 대상에 대한 '기술'일 수밖에 없다. '지시'가 아니라 '기술'이다. 지시란 언어와 대상의 일대일대응 관계를 일컫지만, 기술은 대상의 정보를 뭉뚱그려서 지칭하는 걸 뜻한다. 본연적으로 언어란 각자의 내면에서 뭉뚱그려진 추상체다. 따라서 저마다 다 다를 수밖에 없다. 그와 같은 러셀의 언어론을 '확정기술론'이라 한다.

　재밌는 건, 라이프니츠를 비판하기 위해 러셀 또한 라이프니츠의 발상과 세계관을 그대로 차용했다는 점이다. 라이프니츠가 누군가. 바로 미적분의 아버지 아닌가(뉴턴이라는 딴지도 집어넣자). 그는 파도 소리를 예로 들며 우리가 듣는 소리는 물체/대상의 단일한 파장이 아니라고 말했다. 파도 소리는 바닷물을 구성하는 원자 하나하나가 내는 소리의 총합이라고 말이다. 모든 원자의 소리가 합쳐서 서로 보강/상쇄 간섭을 일으킨 최종 결과물이 우리 귀에 들어오는 소리이다. 소리뿐 아니라 모든 감각이 다 그와 같다고 라이프니츠는 생각했다. 그 생각을 러셀은 고스란히 언어에 적용시켰던 것이다.

　비트겐슈타인과 러셀의 비판에서 새삼 깨달을 점은, 무언가를 비판하기 위한 가장 정공법은, 비판하고자 하는 대상의 세계를 일단은 인정해 주는 것이다. 그 세계관이 옳다고 가정했음에도 그 안에서 모순이 발생한다면 그 관점은 틀린 게 되고 만다. 가장 비효율적인 비판 방법이, 비판하고자 하는 관점과 아예 다른 관점을 가져오는 것이다. 그런데 그렇게 되면 두 관점 중 어느 쪽이 옳은지를 판단할 제3의 근거를 마련하기가 쉽지 않다.

지금까지의 이야기를 정리하자. 라이프니츠는 수학처럼 언어도 객관적으로 구성되기를 바랐다. 언어와 의미가 정확히 일대일대응이 되도록 말이다. 라이프니츠의 그러한 생각을 언어적으로 계승시킨 것이 플로베르다. 그는 하나의 대상에는 오직 하나의 단어만 대응한다고 주장했고 본인도 그것을 실천하려 노력했다. 비트겐슈타인은 그러한 플로베르의 일물일어설을 비판했다. 세계에는 언어로 표현되지 않는 것들이 너무 많다고 말이다. 신, 자유, 사랑 같은 단어는 대상과 일대일대응 될 수 없다.

라이프니츠는 인간이 지각하는 감각이란 사실 무수히 많은 원자들의 총합이라 생각했다. 러셀은 그러한 라이프니츠의 생각이 모순이라고 비판했다. 언어를 수학처럼 수치화하겠다는 생각과 언어란 현실에서 무수히 많은 감각 정보의 총합이라는 발상은 공존할 수 없다. 그렇다면 언어는 현실 속 정보에 대한 기술 다발일 수밖에 없으며 언어와 현실의 일대일대응은 불가능해진다. 그럼으로써 러셀은 사실상 비트겐슈타인의 그림이론과 플로베르의 일물일어설을 동시에 비판한 셈이다.

文解力

04

언어의 의미 3

- 콰인 & 크립키 & 퍼트넘

매년 12월은 쓸쓸하고 아쉽다. 연말이라는 이유도 있지만, 중3들이 이제 학원을 떠나야 하기 때문이다. 지난 12월 말 마지막 수업에서 나는 학생들에게 올해 읽은 책 중에 가장 기억에 남는 책이 뭐냐 물었다. 한 학생이 《동양철학 에세이 1》이라고 답했다. 그냥 립 서비스가 아니라, 그 책에서 명가 사상이 진심으로 자신의 생각을 바꾸었다는 것이다. 그 학생이 가슴 깊이 간직하고 있다는 명가 사상이란 들어보니 바로 공손룡의 가르침이었다. 내용은 다음과 같다.

춘추시대에는 말을 타고 다른 나라로 이동할 경우 국경에서 요금을 내야 했다(걸어가면 요금을 안 냈다). 지금으로 치면 고속도로 톨비 정도로 이해하면 되겠다. 한번은 공손룡이 말을 타고 옆 나라로 이동하는데 관리가 요금을 내라며 세웠다. 공손룡은 자신이 타고 있는 것은 '말'이 아니라는 주장을 펼쳤다. 총 5개의 논증을 펼쳤다는데, 여기서는 그게 중요한 게 아니다. 자신의 말이 '말'이 아니라는 공손룡의 세계관이 중요하다.

'말'이라는 단어는 세상 모든 말들의, 과거는 물론 앞으로 태어날 모든 말들까지 포함해 그것들의 특성을 추출하여 평균화한 의미를 지녔다. '말'뿐 아니라 모든 단어가 다 그렇다.

그러므로 공손룡은 아마 스스로를 '사람'이라 생각하지도 않았을 것이다. 자신은 '사람'이 아니라 '공손룡'이라고 생각하지 않았을까.

"당신이 그러고도 사람이야?"라고 역정을 낼 때, 말하는 이가 의미하는 '사람'의 의미는, 그가 생각하는 평균적인 사람과 이상적인 사람의 혼종일 것이다. 그렇다면 저러한 역정은 정당한가, 하고 공손룡은 묻는 것이다. 왜냐하면 저 사람이 역정을 내는 이유는, 자신이 생각하는 '사람'의 바운더리와 지금 눈앞에 있는 사람의 행실 사이에 괴리가 크기 때문일 것이다. 그렇다면 머릿속에 든 생각과 현실에 살아 있는 실제 사람 중 어느 것이 더 중요한가. 당연히 실제 사람이다.

공손룡의 의도는, 언어야말로 세상에 대한 이해를 방해하여 서로 갈등을 일으키는 근본 원인이라는 것이었다. 자식이 엄마에게 "엄마가 그러고도 우리 엄마야?"라고 소리 지를 때나, 연인에게 "니가 그러고도 내 여친이냐?"라고 화낼 때, 그들은 자신의 뇌피셜과 현실 속 인간의 괴리를 참지 못하는 것이다. 그것은 현실의 소수자 혐오와도 같은 맥락이다. 사람이란 자고로 이성애를 하는 게 자연의 이치인데 동성애라니? 정상적인 사람은 사지가 멀쩡해야 하는데 장애가 있는 병신이

라니? 하지만 엄연히 우리 눈앞엔 성 소수자도 있고 장애인도 있다. 그렇다면 기준을 어디에 둬야 하겠는가. 자신이 알고 있는 언어의 의미를 기준으로 현실을 바꾸려 하는 게 맞을까, 현실을 기준으로 자신이 알고 있는 언어의 의미를 바꾸는 게 맞을까.

수업이 끝나고 돌아오는 길에 문득 보르헤스의 단편소설 〈기억의 천재 푸네스〉가 떠올랐다. 푸네스는 모든 사물을 다 기억하는 능력을 지닌 반면 추상화 능력이 결여된 인물이다. 그래서 사람들이 나무에 달린 모든 나뭇잎을 '나뭇잎'이라는 하나의 명칭으로 부르는 걸 이해하지 못한다. 자신이 보기에 각각의 잎들은 저마다 다 모양과 크기가 다르기 때문이다. 그것들을 왜 한데 묶어 '잎'이라 부르는지 그로서는 알 수 없는 일이다. 공손룡이라면 푸네스야말로 최고의 인간이라 생각하지 않았을까.

그런데 인간들이 모두 푸네스처럼 된다면 좋을까. 회의적이다. 이것이 언어의 한계이자 가능성 아닐까. 인간은 비슷한 것들을 뭉뚱그려 하나의 단어로 지칭하기에 그 개별적인 개체에 대한 이해도는 떨어진다. 반면 그렇게 하지 않고 모든 대상에 다 이름을 붙일 경우 오해 없는 소통은 가능할지 몰라도 고도의 추상적이고 수준 높은 논의는 불가능해진다.

　그 학생에게 푸네스 이야기를 못 해주고 수업을 끝마친 게 영 찜찜하다.

◆
　　◆
　　◆

　　라이프니츠를 비판함으로써 소쉬르와 반대되는 견
해를 가진 사람이 1명 더 있다. 윌러드 콰인. 그는 라이
프니츠의 후예인 논리실증주의자들을 비판했다. 당시
논리실증주의자들이 무조건 떠받드는 전제가 있었다.
명제는 분석 명제와 종합 명제로 구분할 수 있다는 것
이었다. 그에 대해 콰인은 모든 명제는 결국 종합 명제
라고 응수했다. 분석 명제란 명제 자체적으로 옳고 그
름을 파악할 수 있는 명제를 말한다. 예를 들어 "모든
총각은 남자다"같은 명제는 명제 자체의 내적 논리에
따라 참과 거짓을 밝힐 수 있다. 반면 종합 명제는 내재

적으로 참, 거짓을 가릴 수 없고 반드시 현실과의 대조를 통해서 옳고 그름을 판단할 수 있는 명제이다. "명수는 어제 돼지고기를 먹었다"라는 명제는 어제 명수가 했던 현실과 대조해 봐야 그 진위를 알 수 있다.

대담하게도 라이프니츠는 본래 모든 명제는 분석 명제라고 주장했다. 다만 우리 인간의 한계 때문에 어떤 명제는 종합 명제처럼 인식되는 거라고 했다. 무슨 말이냐면, 신의 관점에서는 모든 명제가 분석 명제라는 말이다. 왜냐하면 신은 우주의 처음과 끝(공간적으로도 시간적으로도)을 동시에 다 볼 수 있기 때문에, 우리가 종합 명제라고 판단하는 명제도 이미 자체적으로 진위를 파악할 수 있다. 다만 인간은 지금 이곳 현재만 지각할 수 있기 때문에 즉각적인 진위를 알 수 없는 명제들이 존재한다. 그것들이 종합 명제다.

콰인은 정확히 라이프니츠의 그 논리를 180도 뒤집은 것이다. 그는 모든 명제는 조금씩은 경험과 연결되어 있다고 보았다. 가령 우리가 분석 명제라고 판단하는 것도 실은 현실과의 대조가 없었다면 해석이 불가능하다. 다시 위 예시를 가져오자. "모든 총각은 남자다"에서 '총각'의 의미는 현실과의 접점이 없다면 애초

• **67** •

04 언어의 의미 3 - 콰인 & 크립키 & 퍼트넘

에 파악이 불가능하다. '남자'의 의미도 마찬가지다.

다시 러시아어 사전 예시를 떠올려 보자. 러시아어 단어들은 모두 하나의 체계를 이루며 연결되어 있다. 그처럼 모든 명제는 전체 체계의 일부로서 연결되어 있다. 분석 명제와 종합 명제도 따로 구분되어 각자의 체계를 이루는 게 아니라 서로 엉겨 붙어 하나의 체계를 이룬다. 우리가 분석 명제를 내재적으로 판단할 수 있는 건, 그 명제가 이미 다른 종합 명제들과 연결되어 있기 때문이다. 다시 그 종합 명제들은 현실의 경험과 연결지어져 있다. 결론적으로 분석 명제 또한 간접적으로라도 현실과의 접점이 있을 수밖에 없다. 이를 다시 러시아어 사전에 적용하면, 내가 러시아어의 의미를 알려면 최소 1개의 단어라도 현실과의 접점을 알아야 한다는 것과 통한다. 거기서부터 시작하여 연쇄적으로 다른 단어의 의미를 내재적으로 파악할 수 있게 된다.

소쉬르가 자신의 언어관을 도출할 수 있었던 건, 인간이 이미 언어의 의미를 충분히 파악하고 있는 시점에서 의미의 메커니즘을 분석했기 때문이다. 하나의 언어를 다 마스터한 인간의 관점에서 뒤돌아본 탓이다. 그

러니까 그는 완성된 언어 자체의 형식 논리 차원에서
바라봤기 때문에 의미 재인의 원리를 횡적 레벨로밖에
볼 수 없었던 것이다. 그런데 우리가 지금 알고 싶은 건
의미 재인 과정의 종적 레벨이다. 우리가 언어의 의미
를 처음부터 어떻게 학습하느냐 하는 점이 지금 우리의
관심사다. 언어 전체 체계를 모르는, 고작 한두 개의 단
어만 아는 인간에게도 어떻게 언어가 의미를 띠는지 말
이다. 소쉬르가 놓친 점은 바로 이 지점이다.

일단 여기서 내가 말하고 싶은 건, 언어의 의미를 깨
치기 위한 첫 단계는 언어와 현실의 접점을 만들어야
한다는 점이다. 그 점을 명확히 논의한 사람이 또 있는
데 바로 크립키다. 그는 단어의 의미란 언어 외적 사건
이 가진 힘의 흔적이라 주장했다. 크립키의 저 주장은
러셀의 '확정기술론'에 반대하며 나온 이론이다.

다시 한번, 러셀이 주장한 '확정기술론'이란, 단어의
의미를 그 단어에 축약된 기술의 다발로 보는 관점이
다. 가령 '유재석'이라는 단어는 우리에게 KBS 공채 개
그맨 출신의 국민 MC를 말한다. 여기까지가 러셀의 언
어관에 해당한다. 이때 크립키는 러셀에게 묻는다. 그
렇다면 국민 MC가 되기 전의 유재석은 '유재석'이 아

니었던가. KBS 공채 개그맨이 되기 전엔 '유재석'이 아니었던가. 혹은 오늘 유재석이 모든 방송에서 하차하고 은퇴를 선언하여 개그맨도 MC도 아니게 되면 더 이상 '유재석'이 아닌 건가.

모두 다 '유재석'이다. KBS 공채 합격이라는 외적 사건과 다년간 MC로서의 활동이라는 외적 사건이 '유재석'이라는 단어의 의미에 포섭된 것이다. 만약 오늘로 그가 은퇴한다면, 은퇴라는 외적 사건이 역시 '유재석'의 의미에 더해질 것이다. KBS 개그맨 공채 합격이라는 외적 사건이, 국민 MC로서의 활동이라는 외적 사건이, 유재석이라는 의미에 흔적을 새겨넣었다.

'아리스토텔레스' 예를 들어보자. 현대인들은 모두 아리스토텔레스를 만나본 적조차 없다. 우리는 텍스트에서 읽은 그에 관한 정보들을 묶어 '아리스토텔레스'라는 단어 안에 구겨 넣었다. 그렇게 이해한다면 러셀의 '확정기술론' 쪽이 옳은 설명이 된다. 하지만 이때도 크립키는 반박한다. 알고 봤더니 우리가 알고 있던 아리스토텔레스에 관한 정보가 상당 부분 거짓이었다면. 그가 아테네에 살지 않았다면. 다른 시대에 살았다면. 플라톤의 제자가 아니었다면. 알렉산더의 스승이 아니었다면. 그렇다 해도 여전히 '아리스토텔레스'는 아리스토텔레스다. 그러므로 확정기술로는 단어 의미의 기원을 설명할 수 없다.

지금의 우리가 2천5백 년이라는 시간을 뛰어넘어, 본 적도 없는 아리스토텔레스를 '아리스토텔레스'라 부르고 쓸 수 있는 건, 시간을 거슬러 누군가는 아리스토텔레스가 살아 있을 때 그를 본 사람들이 있었기 때문이다. 그들이 기록을 남겼고 그 기록을 또 누가 보았기 때문이다. 그것이 외적 사건이 남긴 힘의 흔적이다. 맨 처음 아리스토텔레스를 본 사람이 없었다면, 혹은 누군가 아리스토텔레스에 관한 말과 글을 남기지 않았다면, 그것이 우리에게 전달되지 않았다면, '아리스토텔레스'라는 단어는 없었을 것이다. 그러므로 단어의 의미가 맨 처음 형성되는 때는 단어와 외부 사건의 접점에서다.

여기까지 정리하자면, 러셀은 언어의 의미를 '정보의 축약'으로 본 반면, 크립키는 언어의 의미를 현실과의 '지시'와 '대응'에서 찾는다.

크립키와 비슷한 생각을 가진 사람이 또 있었는데 그는 힐러리 퍼트넘이다. '통 속의 뇌'로 이미 대중에게도 알려진 학자다. 그는 그 외에도 기이한 사고실험을 많이도 제안했는데, 그중 하나가 '쌍둥이지구 사고실험'이다. 이 사고실험의 결론은, 언어의 의미가 최초로 발생하는 지점은 인간의 뇌 속도 아니고, 언어 체계 자체도 아니고, 특정 언어공동체의 사용법도 아니며, 바로 언어와 현실의 접점이라는 것이다. 퍼트넘은 지구와 모든 게 똑같은 쌍둥이지구를 가정한다. 그런데 딱 한 가지만 다르다. 물의 원소 구성이다. 지구의 물은 H_2O 이지만 쌍둥이지구의 물 원소는 XYZ이다. 지구인이 말하는 '물'의 의미에는 H_2O라는 분자구조가 포함되는 반면, 쌍둥이지구인이 말하는 '물'의 의미에는 XYZ라는 분자구조가 포함된다.

같은 단어가 다른 의미를 내포하는 이유는, 언어 체계 자체의 차이도 아니고(따라서 소쉬르의 언어론으로는 설명 불가), 지구인과 쌍둥이지구인의 뇌 작용 차이도 아니며, 두 언어공동체의 사용법 차이도 아니다. 러셀의 '확정기술론'으로도 이 차이를 설명할 수 없다. 오직 언어와 현실의 접점 차이로만 설명 가능하다.

사실 이는 사람들이 저마다 생각하는 언어의 뜻이 다른 것과도 완전히 같은 맥락이다. 가령 사람들마다 생각하는 '사랑'의 의미는 다 다르다. 그 이유 또한 언어와 현실의 접점 차이로 설명할 수 있다. 각자가 보고 들은 현실에서의 사랑이 다 다르기 때문일 것이다. 이제 그것을 뒷받침할 몇 가지 실증적인 사례를 살펴보자.

헬렌 켈러가 맨 처음 언어를 깨치게 된 일화는 유명하다. 짐승과도 같았던 헬렌 켈러를 사람으로 만든 건 앤 설리번이었다. 설리번은 어떻게든 헬렌 켈러가 언어를 배우도록 애썼고 끝내 그 노력은 빛을 발했다. 헬렌 켈러가 맨 처음 알게 된 단어는 water였다. 설리번은 헬렌 켈러의 손을 정원의 분수에 집어넣으면서 등에다가는 w.a.t.e.r을 반복해서 썼다. 헬렌 켈러는 자신의 손에 닿는 '그것'이 바로 설리번이 등에다 써주는 w.a.t.e.r임을 눈치챘다. 그때부터 자기 주변 사물들의 이름을 끊임없이 물었다. 헬렌 켈러는 사물과 이름의 짝 지음을 통해 언어를 배워나갔다.

교육학에서 아주 유명한 연구가 있다. 낮 시간 동안 주로 라디오에 노출된 아기 그룹 A, 낮 시간 동안 대부분 보호자와 상호 작용한 아기 그룹 B를 비교하니 압도적으로 B 그룹의 아기들이 언어 습득력이 빠르고 높았다. 아기가 라디오를 들어서는 충분히 언어를 습득

할 수 없다는 결론을 도출할 수 있다. 그 이유는 다음과
같이 추정된다. 라디오에서 나오는 언어들은 실제 아
기가 처한 주변 환경과 아무 관련이 없다. 반면 보호자
가 말하는 언어는 아기가 처한 주변 환경과 밀접한 연
관이 있다. 라디오의 언어는 짝지어질 현실이 부재하
지만, 보호자의 말은 짝지어질 현실이 바로 아기 주변
에 존재한다. 언어의 의미 습득은 언어와 현실의 짝 지
음에서 처음 비롯한다는 걸 알 수 있는 소중한 연구다.

　조금 다른 예로 검색 엔진 최적화(SEO) 시스템의 원
리에 대해 생각해 보자. SEO의 관건은 어느 페이지가
더 중요하고 덜 중요한지를 판단하는 것이다. 그래야
검색 결과를 소팅(sorting)해서 보여줄 수 있기 때문이
다. 문제는 웹페이지끼리 비교해서는 그 중요도를 판가
름할 수 없다는 데 있다. 알파고 제로 아니고 알파고 제
로 할배가 와도 그것은 근본적으로 불가능하다. 그 이
유는 앞서 말한 괴델의 불완전성 정리에서 알 수 있다.
그렇기 때문에 SEO에서는 반드시 외부 세계와의 접점
을 근거로 삼는다, 예를 들어 페이지 체류 시간이나 페
이지 내 활동 횟수, 재방문율 등을 근거로 삼을 수밖에
없다. 즉, 인터넷 페이지와 바깥 현실과의 접점과 관련

된 데이터를 통해서 점수를 도출할 수 있다. 오직 페이지끼리의 자체적인 비교만으로는 순위를 매길 수 없다.

정리하자면, 여기서 소개한 세 사람, 콰인과 크립키와 퍼트넘으로부터 공통적으로 얻을 수 있는 교훈은, 최초에 언어의 의미가 형성되려면 언어와 현실과의 대응이 이루어져야 한다는 점이다. 콰인은 라이프니츠의 세계관에 반대하며 소쉬르의 언어관을 비판한 셈이다. 크립키는 러셀의 언어관에 반대함으로써 언어의 의미란 외부 사건의 흔적이 새겨진 것이라 말했다. 퍼트넘은 '쌍둥이지구 실험'이라는 기발한 사고실험을 통해 '물'의 의미는 현실에서 물과의 접점을 통해서만 발생할 수 있음을 보였다.

文解力

05

언어의 의미 4

- 장년 비트겐슈타인

고대 아테네 시절, 소크라테스는 단어의 의미를 집요하게 도 물어가며 아테네 시민들을 괴롭혔다. 사랑이 뭐냐, 정의가 뭐냐, 행복이 뭐냐. 그런 질문을 통해 대화를 하려는 소크라테스의 의도는 높이 사지만, 그의 대화를 정해진 답으로 만들려 했던 플라톤에는 높은 점수를 줄 수 없다.

　　사랑, 정의, 행복 그런 것들은 그저 언어의 논리로 규정할 수 있는 게 아니기 때문이다. 각 개념에는 선험적으로 의미가 정해져 있고 사람들이 그 의미를 적확하게 파악해야 한다는 생각은 구시대적 도그마일 뿐이다. 의미는 반드시 구체적인 현실에 달라붙어 발생한다. 그런데 인문학은 언어 내적 논의를 통해 결론을 도출하는 학문이다. 그것이 인문학이 지닌 본질적인 한계다. 인문학은 원래부터 결론에 도달할 수 없도록 태어났다.

　　예를 들어보자. 요즘은 "인간이란 무엇인가?" 하는 질문이 중요해졌다. 아마도 AI와 로봇, 복제인간과 사이보그 등에 대한 우려 때문일 것이다. 지금과 같은 현실이 도래하지 않았다면 '인간'의 정의를 물을 필요도 없었으며 그 의미를 규정하기 위한 방향성도 달랐을 것이다. 천 년 전 사람들에게 같은 질문을 던진다면 현대인과는 전혀 다른 맥락과 방향에서 논의가 이루어질 게 빤하다.

그런 이유로 논쟁을 할 때 '만약에'라는 가상의 상황을 가정하는 것은 무의미한 시도다. 그 만약이란 상황은, 정말로 나의 현실을 뛰어넘는 완전히 바깥세상의 일이 아니라, 실은 내가 가진 언어적 정보의 풀(pool) 안에서 짜맞춰진 조합이기 때문이다. 그러므로 '만약'은 결코 내가 가진 정보값을 넘어설 수 없다.

같은 맥락에서, 플라톤이 아무리 정교한 논리로 사랑이니 행복이니를 논해봤자 플라톤 개인이 가진 언어적 정보 풀을 벗어날 수 없다. 그러니 어떻게 그의 결론이 보편적 정의(definition)가 될 수 있겠는가. 부처의 눈엔 부처가, 돼지의 눈엔 돼지가 보일 뿐.

♦
♦
♦

아직 언어에 대한 이야기가 끝나지 않았다. 왜냐하면 다시 러셀의 '확정기술론'으로 크립키와 퍼트넘을 반박할 수 있기 때문이다. 애초에 러셀의 의도는 특정 단어가 정확히 무엇을 지시하느냐 하는 문제제기에 있었다. '유재석'은 현실에서 단일한 감각값을 지칭하지 않는다. 이 순간에도 유재석이 반사하는 빛의 입자 수는 천문학적이다. 게다가 시간은 멈춰 있는 게 아니라 실시간이기 때문에 그 광자의 수는 거의 무한대라 말해도 무방하다. 러셀에 따르면 그 빛 한 알 한 알에 다 이름을 붙여야 옳다. 하지만 우리는 그럴 수 없고 단지 그 시각적 청각적 감각값을 뭉뚱그려 '유재석'이라 부른다.

'아리스토텔레스' 또한 마찬가지다. 살아생전에 아리
스토텔레스 또한 자신을 만난 사람들에게 무수한 빛의
시각적 정보와 소리의 청각적 정보를 방출했을 것이
지만 사람들은 그 감각 정보 일부를 뭉뚱그려 '아리스
토텔레스'라 명명했다. 심지어 아리스토텔레스 사후에
사람들은 직접 그를 만나지도 못했으니 '아리스토텔레
스'는 텍스트 속 정보값으로만 사람들의 머릿속에 입
력되어 있다. '아리스토텔레스'는 고유명사이지만 사
실은 추상명사에 가깝다.

'물'은 어떤가. 물 분자가 H_2O라고는 하지만 인간은
한 번도 분자 자체를 지각한 적이 없다. 일상에서 마주
치는 물의 형태와 모습은 저마다 다 다르며 우리는 그
것들을 모두 뭉뚱그려 '물'이라 지칭한다. 거기에다 학
교나 책에서 배운 물에 대한 지식을 '물'의 의미에 추
가로 저장한다. 우리는 특정 물을 '물'이라 지칭하는 게
아니라 내가 직접 본 적도 없는 우주의 모든 물과 과거
미래의 물 모두를 '물'이라 부른다. 결과적으로 러셀과
크립키와 퍼트넘의 논의는 끊임없이 물고 무는 뱀의
머리와 꼬리가 될 뿐이다.

그러므로 언어에 대한 다른 시각의 접근과 논의가 필요하다. 6년 만에 돌아온 비트겐슈타인은 자신의 '그림이론'을 부정하며 완전히 새로운 언어관을 제시한다. '가족 유사성' 개념이다. 그는 소쉬르와 똑같이 언어는 체스 게임과 같은 거라고 주장하기에 이른다. 하지만 둘의 메시지는 정확히 반대 방향을 향한다. 소쉬르는 체스 게임이 성립하는 이유가, 체스라는 체계의 자체적인 규칙과 그로 인한 각 요소들의 위상의 차이에서 말들의 기능이 발생하기 때문이라 주장했다. 체스 게임을 진행하는 데에는 말의 모양이나 재질은 아무 상관 없다.

마찬가지로 언어도 그 구성 요소인 단어들의 모양이나 형태, 소리는 의미 발생과 아무 상관 없다는 말이다. 언어 또한 자체적인 규칙과 그에 따른 단어 및 문법 요소들의 위상 차이에서 의미가 발생한다는 게 소쉬르의 주장이다. 사실 한국어를 꼭 한글로 표기할 필요가 없다. 한자로 표기해도 되고 알파벳으로 표기해도 된다. 발음 체계가 달라져도 그만이다. 그래도 의미는 성립한다. 하지만 그러한 소쉬르의 생각은 앞서 청년 비트겐슈타인에 의해 반박될 수 있었다.

장년 비트겐슈타인이 언어를 체스에 비유하며 말하고자 한 메시지는 그런 게 아니다. 그의 생각을 내 나름대로 풀어보겠다. 한국에서 12년 넘게 공부해도 영어로 소통하기가 어려운 이유는 언어에 대한 접근이 처음부터 잘못되었기 때문이다. 우리는 학교에서 영어를 공부한다며 단어와 문법을 외운다. 그렇게 암기한 단어와 문법 지식을 바탕으로 제시문을 독해하고 문제를 푼다.

1차적으로 단어의 의미는 사전만으로는 배울 수 없다. 사전에 나온 단어의 뜻풀이는 체스의 정석 같은 것이다. 그런데 체스의 정석이 체스의 기본 규칙은 아니다. 정석은 규칙에서 파생된 하나의 범례일 뿐이다. 정확히 말하면, 방금 쓴 문장도 틀렸다. 제대로 표현한다면 이렇다. 수많은 체스의 정석들과 플레이 방식이 모여 체스의 규칙을 이룬다고. 다만 체스의 정석은 오랜 시간과 경험을 견뎌낸 훌륭한 범례라는 점에서 다른 플레이와는 위상이 다르다.

사전에 실린 단어의 의미도 그와 같다. 사전에 실린 의미가 실리지 않은 의미보다는 상위 레벨에 있다. 그렇다고는 해도 하나의 단어를 사전에 실린 몇 개의 의미로 완전히 치환할 수 없다. 하나의 단어에는 무수히 많은 의미가 담겼다. 지금까지 그 단어를 사용한 사람들의 구체적인 맥락과 상황이 단어의 의미에 고스란히 엉겨 붙어 있다. 그러한 복합적이고 중층적인 의미를 납작하게 눌러서 평균화한 것이 사전에 기재된 뜻풀이다. 그러므로 사전을 '언어의 화석'이라 표현하기도 한다.

사전에는 새로운 의미가 없다. 그렇기에 사전의 의미를 외우는 건 죽은 공부인지도 모른다. 오히려 진짜 언어 공부는 사전에 없는 의미를 파악하고 정립해 가는 것 아닐까. 사전에는 단어의 동시대적 의미가 실려 있지 않다. 그러니까 늘 한발 늦다. 얼마 전에 '미쳤다'는 표현이 남발되는 것을 우려하는 글을 읽은 적 있다. '미치다'라는 단어의 뜻은 정신질환의 한 상태를 일컫는데 그것을 '최고다', '대단하다', '훌륭하다'와 같은 의미로 마구잡이로 쓰는 것은 윤리적으로도 옳지 않다는 것이 그 필자의 주장이었다. 나는 저러한 인식이야말로 사람들이 언어에 대해 가진 평균적인 이해/오해가 아닐까 싶었다.

우리는 단어를 쓸 때마다 해당 단어의 의미를 강화시키기도 하고 약화시키기도 한다. 위의 '미치다'를 예로 들어보자. 기괴한 행동을 하는 사람에게 "넌 미쳤어"라고 말한다면 기존의 의미를 강화시키는 경우다. 반면 훌륭한 무대를 보고 "정말 미친 무대"라고 말한다면 사전의 의미를 약화시켜 다른 의미로 변화시키고 확장시키는 예가 된다. 그런데 이런 경우가 단발적이고 국지적으로 끝난다면 '미치다'의 의미는 딱히 변하거나 넓어지지 않는다. 만약 단어의 예외적인 쓰임이 청자에게 설득력을 얻고 그 청자도 다른 이에게 달라진 의미로 해당 단어를 사용하고 그것이 연쇄된다면 해당 단어의 기존 의미에는 구멍이 뚫리고 벽이 허물어지게 된다. 어쩌면 단어가 의미를 획득하고 발휘하게 되는 과정이야말로 가장 민주적이지 않을까 싶다. 그렇게 여러 사람들에게 두루 쓰이게 되면 '미치다'는 단어의 의미망은 바뀌고 사전에도 바뀐 의미가 새로/추가로 등재된다.

　단어의 의미는 선험적으로 주어지거나 정해진 게 아니다. 의미 자체는 사후적으로 구성된 것이다. 맨 처음에는 사용이 먼저고 의미 규정이 나중이었을 것이다. 그러다 의미가 어느 정도 굳어지면 사람들은 그에 맞게 단어를 사용하려 하지 않았겠는가. 그럼에도 여전히 단어의 의미는 실제 사용에 따라 조금씩 유동적으로 변하고 사라지고 새로 만들어진다.

단어의 의미가 그렇듯 문법 또한 마찬가지다. 우리는 언어를 쓸 때마다 언어의 문법과 규칙과 용례를 지키면서 동시에 어긴다. 언어의 규칙은 고정된 법칙이 아니다. 세상 모든 규칙이 다 그렇다. 규칙이 먼저고 현실은 무조건 그 규칙에 따라야 하는 게 아니다. 현실이 바뀌면 규칙도 그에 맞게 변해야 하고 또 실제로 그래왔다. 그걸 이해하지 못하면 안 된다. 언어의 의미도 규칙도, 모두 결과적으로는 사회적 합의일 뿐이다. 현시점에서 우리가 언어를 뒤돌아보았을 때 규칙이 보이는 것이다. 마치 고전주의 회화에서 원근법의 소실점처럼 말이다.

화가는 그림을 그릴 때 소실점을 고정축으로 풍경을 펼쳐 보이지만, 막상 화가가 한 걸음만 옆으로 움직여도 소실점도 움직이고 눈에 보이는 풍경의 깊이와 시각이 변한다. 여기서 소실점을 단어의 의미나 언어의 문법으로 비유해서 이해하면 된다. 사후적으로 우리에게 그것들은 고정된 것처럼 여겨지지만 실은 얼마든지 바꿀 수 있는 가변적이고 임의적인 축일 뿐이다. 처음부터 규칙이 있고 그 규칙대로 언어를 활용해 온 게 아니다. 어김이 지속적으로 반복되면 결국 규칙이 바뀐다. 그것이 언어의 생태다. 그것을 허용하지 않으면 언어는 성립할 수 없다.

다시 영어 이야기로 돌아오자. 우리가 영어를 12년 배우고도 미국인 앞에서 찍소리도 못 하는 건 애초에 잘못된 방법으로 공부했기 때문이다. 단어의 뜻을 암기하는 데에 사전 위주로 공부한 잘못. 사전에는 그 사전이 쓰이기 전 사람들이 쓰던 의미와 용례만 실려 있을 뿐, 현시대의 의미와 용례까지는 커버하지 못한다. 더 큰 문제는, 사전에 실린 뜻풀이는 그 단어가 지녔었던 무수히 많고 넓은 뜻 중에서 평균만 살려놓고 나머지는 다 가지치기를 해버렸다는 점이다. 원래 풍성했어야 할 단어의 뜻은 종잇장처럼 얇아져 버렸다. 우리는 그걸 그 단어 뜻의 전부라 생각하며 암기하고 사용한다.

그와 같은 과정은 문법에서도 완전히 똑같이 진행된다. 교재에 나온 문법은 역시 그 문법이 정립되기 전에 언어를 쓰던 사람들의 용례를 법칙화한 것이다. 그러므로 현시대의 새로운 문법과 규칙은 반영되지 않는다. 더 근본적인 문제는, 우리는 문법을 마치 물리 법칙 다루듯, 신줏단지 모시듯 절대적인 것이라 여기며 완벽하게 문법에 딱 맞는 문장을 쓰려고 노력한다는 것이다. 하지만 언어는 규칙을 지키는 행위가 아니다. 언어 사용이 먼저이고 규칙이 나중이지, 규칙이 먼저이고 언어 사용이 나중이 아니다. 언어는 고정된 고체가 아니라 유동적인 액체다. 우리는 언어를 액체처럼 이해하고 사용해야 한다.

이제 다시 비트겐슈타인으로 돌아오자. 장년 비트겐슈타인이 말하고자 한 바는, 단어의 의미는 적확하게 하나로 포착되지 않는다는 점이다. '스포츠'라든가 '예술'이라는 단어를 예로 들어보자. '스포츠'에는 수많은 종목이 포함된다. 축구, 농구, 야구, 테니스, 탁구, 유도, 검도, 양궁, 달리기, 수영 등. 그런데 모든 스포츠 종목을 '스포츠'라 부를 수 있는 본원적인 하나의 기준은 없다. 쥐어짜 내면 기준 하나쯤은 건질 수도 있겠지만, 애초에 우리가 저 종목들을 모두 묶어 '스포츠'라 명명하는 이유는, 전체를 꿰뚫는 하나의 맥이 있어서 그것을 미리 전제하기 때문이 아니다.

'예술'도 마찬가지다. 소설, 시, 음악, 회화, 조각, 건

축, 영화, 사진 등이 예술에 포함되지만, 그것들을 전부 아우르는 핵심적인 공통점은 없다. 대신 몇 개씩은 하나의 주요 공통점으로 묶인다. 소설과 시는 언어에 기반한다든가, 시와 음악은 운율이 중요하다든가, 회화와 조각과 건축은 시각을 매개한다든가, 조각과 건축은 물성이 있는 구체를 다룬다든가 하는 식으로 말이다. 그런 식으로 무수히 많은 벤다이어그램으로 묶어낼 수 있고 그에 따라 수많은 교집합과 여집합이 생긴다. 그 벤다이어그램 전체를 묶어 우리는 '예술'이라 부른다.

장년 비트겐슈타인의 언어관을 '화용론'으로 이해하는 경향이 많은데, 물론 틀린 이해는 아니다. 분명 그러한 측면이 있는 건 맞지만, 화용론으로 규명해 버리면 그의 언어관이 너무 납작해져 버린다. '가족 유사성'에서 우리가 주목해야 할 점은, 하나의 단어조차도 실은 굉장히 두터운 의미의 층위를 내포한다는 점이다. 그에 대해 비트겐슈타인은 재밌는 사례를 든다. 공사장에서 인부에게 다른 인부가 "벽돌!"이라고 말한다고 치자. 무슨 뜻일까? 빨리 벽돌을 가져다 달라는 뜻일 수도 있고, 위에서 벽돌이 떨어지니 어서 피하라는 말일 수도 있다. 혹은 작업에 차질이 생겼는데 그 원인이 벽돌이라는 지적일 수도 있다. 그 외에 무수한 상황을 가정할 수 있으며, 따라서 그 의미 또한 천차만별이 된다. 그 같은 수많은 의미가 '벽돌'이라는 한 단어에 다 농축된다.

여기서 우리는 말과 글의 중대한 차이점을 알 수 있다. 음성 언어는 발화자가 처한 구체적 상황과 맥락, 그리고 청자와의 관계까지 담고 있다. 음성 언어는 언제나 구체적인 정황과 TPO를 고려하여 의미를 생각해야 한다. 반면, 문자 언어는 발화자가 처한 구체적 상황과 맥락, 청자와의 관계 등이 상당 부분 거세된다. 그러므로 독자는 문자 언어를 읽을 때 사라진 맥락과 관계 등을 추정해서 의미를 도출해야 한다. 그렇기 때문에 문자 언어가 음성 언어에 비해 추상도가 훨씬 더 높다.

그에 대해 들뢰즈는 액추얼(현동적) 차원과 버추얼(잠재적) 차원이라는 개념으로 언어를 설명한다. 전자에 해당하는 것이 '에크리튀르'로 간단하게 말하면 말(=음성 언어)에 해당하고, 후자는 '파롤'로 글(=문자 언어)에 해당한다. 여기서 관건은, 파롤이 무한에 가까운 버전의 에크리튀르를 포함한다는 점이다. 잠재적인 것은 수많은 현상으로 피어날 수 있다. 같은 단어, 표현, 문장이어도 누가, 어떤 마음으로, 어떤 상황에서, 누구에게 말하는가에 따라 의미가 무수히 달라진다.

파롤(＝문자 언어)과 에크리튀르(＝음성 언어)의 관계는 악보와 연주에 빗댈 수 있다. 악보는 하나지만 그것을 누가 연주하느냐에 따라, 또 같은 사람이어도 연주할 때마다 곡의 느낌과 결이 미묘하게 달라진다. 하지만 여기서 우리가 정작 주목해야 하는 점은, 파롤-에크리튀르와 악보-연주 사이의 공통점이 아닌 차이점이다. 음악에서는 악보가 먼저이고 연주는 나중이다. 악보를 근거로 연주를 한다. 언어에서는 방향과 중심점이 반대이다. 에크리튀르가 먼저이고 파롤이 나중이다. 준거점 또한 파롤이 아니라 에크리튀르에 있다. 그러므로 문자 언어를 이해하기 위해서는 음성 언어에 대한 사전적인 이해가 반드시 전제되어야 한다.

친구들이 나에게 부탁을 하면서 말하는 "사랑해"와, 엄마가 나에게 톡으로 보내는 "사랑해"와, 연인이 밤에 통화하며 나에게 말하는 "사랑해"는 완전히 다른 의미다. 과거부터 지금까지 그 모든 "사랑해"라는 음성 언어는 '사랑해'라는 하나의 문자 언어로 수렴한다.

지금까지의 논의에서 우리는 문해력의 원리 한 가지를 추론할 수 있다. 문해란, 하나의 단어 혹은 한 문장이 지닌 수많은 의미의 층위 중 텍스트에 가장 적합한 층위를 골라내는 작업이라는 것이다. 그러기 위해서는 해당 단어 또는 문장에 대한 최대한 많은 데이터베이스를 모으는 게 중요하다. 직접적이든 간접적이든 그 말/글이 담고 있는 의미에 관해 많이 경험할수록 유리하다.

　장년 비트겐슈타인이 언어를 게임에 비유하면서 전하고자 했던 또 다른 메시지는, 언어는 무조건 직접 참여를 통해서만 배울 수 있다는 것이다. 체스를 배우기 위해 체스를 두어야 하듯 언어를 배우기 위해서도 직접 말하고 써야 한다. 체스에 관해 몇 날 며칠 이론적인 설명만 듣는다고 체스를 잘 둘 수는 없다. 반드시 실전에서 여러 시행착오를 겪어야 한다. 그것은 수영이나 자전거 타기와도 같다. 이론을 마스터한다고 바로 수영을 잘하게 되진 않는다. 주식 투자도 그렇다. 주식을 1주도 매수해 본 적 없다면 이론서만 수십 권 통달해도 수익은 요원하다. 수영도 자전거도 주식 투자도 열 마디 말보다 한 번의 실천이 훨씬 더 효과적이다.

《장자》초반에 이런 이야기가 나온다. 수레바퀴를 만드는 노인이 있다. 옆집 선비가 마당에서 책을 읽고 있다. 노인이 선비에게 묻는다. 뭐 하고 있냐고. 선비가 답한다. 옛 선인들의 정신을 배우고 있다고. 노인이 다시 묻는다. 그 선인들은 지금도 살아 계시는가. 선비는, 그분들은 진즉에 돌아가셨다고 답한다. 노인이 픽 웃으며 말한다. 그렇다면 그대는 그 선인들 정신의 찌꺼기만 익힐 뿐이라네. 노인은 계속 말을 이어간다. 이제 자신이 나이가 많이 들어 수레바퀴 만드는 법을 아들에게 가르치고 있단다. 그런데 아무리 가르쳐 줘도 아들이 못 알아먹는다는 거다. 옆에서 시범을 보여주며 따라 하게 해도 잘 안된다고 하소연이다. 노인이 하고자 하는 말은 이런 것이다. 자신이 직접 아들에게 수레바퀴 만드는 법을 가르쳐도 쉽지 않은데, 이미 죽은 선인들이 남긴 글자 쪼가리를 읽는다고 그들을 이해할 수 있겠냐는 거다.

장자가 하고자 하는 메시지도 비트겐슈타인과 다르지 않다. 수레바퀴 만드는 법을 배우려면 틀리더라도 직접 수레바퀴를 만들어 봐야 한다. 언어를 배우려면 역시 틀리든 말든 언어를 행해야 한다. 언어를 언어로만 배운다는 발상은 자칫 그럴듯하지만, 언어를 제외한 그 어떤 것도 언어로만 배울 수 없다는 걸 감안한다면, 언어 또한 언어가 아닌 직접적인 실천으로 배워야 함을 짐작할 수 있다.

文解力

06

언어의 의미 5

- 오스틴 & 설 & 바흐친

〈나는 SOLO〉를 보다 보면 가끔 아무것도 아닌 말에 남녀 출연진이 웃음을 깔깔 터뜨리는 때가 있다. 그럴 때마다 데프콘과 송해나는 "저게 그렇게 웃긴 말이 아닌데 말이죠"라거나 "저 말이 웃긴가요?"라고 반응한다. MC들도 시청자들도 별로 웃기지 않는데 남녀 출연진 둘만 웃는 상황.

"저 말이 웃긴 게 아니라 그냥 서로가 좋은 거야" MC들은 현답을 내린다. 사랑에 빠지면 상대가 하는 말이 다 달콤하게 들린다. 긍정적인 마음을 가지면 세상이 장밋빛으로 보인다. 그처럼 수용자의 의지와 마음 상태에 따라 같은 말도 얼마든지 다르게 해석될 여지가 있다.

고등학생 때 국어 선생님은 수업시간에 이런 말씀을 하셨다. 작가의 의도와 상관없이 독자는 가능하면 작품을 최선의 의미로 해석하는 것이 좋다고 말이다. 지금도 나에게는 저 말이 커다란 모토다. 그래서 나도 수업시간에 저 말을 확장해서 어떤 작품이든 자신이 읽을 수 있는 최선의 의미를 읽어내라고 가르친다. 가장 가치 있고 선하고 풍성한 방향으로 해석하는 것이 작품을 가장 잘 독해하고 감상하는 거라 믿는다.

일상의 대화 또한 마찬가지라 생각한다. 상대가 하는 말이 악의적으로 해석될 여지가 있더라도 최대한 그 사람이 선하게 말했을 거라는 전제로 이해하면 갈등의 소지가 적다. 단, 모르는 사람이나 위험한 사람에 한해서는 논외일 것이다.

그런데 얼마 전에 나의 그러한 순진한 믿음이 산산조각 난 일화가 있었다. 내가 친구에게 귀리우유를 사 주었더니 너무 맛있다며 나 보고도 한입 먹어보라고 권했다. 그 후 그 친구에게 또 귀리우유를 사 주었더니 그때는 친구가 화를 냈다. 지난번에 자신이 귀리우유 싫어하지 않았냐며. 나는 그때 상황을 정확히 재연해 주었다. 그랬더니 친구는 그거 비꼰 거라고 말했다. 반어였구나… 그것도 모르고 나는 그 친구가 맛있다며 내게도 먹어보라고 권하던 그 표현을 최대한 선한 의지로 해석했던 것이다.

직설과 반어. 풍자와 역설. 코미디와 블랙 코미디. 아, 인간의 언어는 왜 이리도 복잡하고 어려울까. 우리 인간들은 늘 이해와 오해 사이를 무분별하게 오가며 아슬하게 지내는 게 아닐까.

◆
◆
◆

　장년 비트겐슈타인의 생각을 계승한 사람이 존 오스틴이다. 그는 언어 또한 행위라고 주장했다. 우리가 언어에 대해 오랫동안 오해해 온 것 중 하나가 말과 행동은 다르다고 생각하는 것이다. '지행합일' 등에서 느낄 수 있는 중국철학의 유산 탓도 있겠다. 인식론의 전통을 철학의 근간으로 삼아온 서양철학도 한몫했을 것이다. 동양의 전통에서는 말을 가볍고 믿을 수 없는 것으로, 행동을 참되고 믿을 수 있는 것으로 여겨왔다. 그 전통은 지금도 사람들의 인식과 관습에 강하게 남아 있다. 서양의 전통에서는 세계의 진리를 탐구하는 것이

학문의 궁극적 목표였기에, 무엇이 참이고 무엇이 거짓인지를 규명하는 것이 중요한 과제였다. 그랬기에 말도 참이냐 거짓이냐를 판별해야 할 대상으로 여겼다.

그러한 인식에 박차를 가하고 쐐기를 박은 건 20세기 초 언어철학과 분석철학이었다. 언어철학이나 분석철학은 문장을 명제의 차원에서 분석한다. 명제란 참과 거짓으로 구분할 수 있는 진술문을 일컫는다. 분석철학자들은 마치 수학처럼 언어에서도 참과 거짓을 명쾌하게 판명할 수 있는 방법론을 찾아 헤맸다. 그러한 시도는 언어에 대한 고정관념을 더 강화시켰다. 정보나 지식을 담은 그릇처럼, 혹은 대상이나 의미를 지시하는 이정표처럼, 언어를 바라보는 고정관념 말이다.

하지만 우리는 언어에 대해 다시 생각해 봐야 한다. 일단 말과 행동이 대립한다는 것은 명백한 편견이다. "너 지금 뭐 하고 있어?"라고 물었을 때 "나 지금 친구한테 말하고 있어"라든가 "나 누구를 좀 설득하고 있어" 혹은 "부하에게 명령하고 있어"라고 답해도 아무 이상이 없다. 말도 행동의 일종이다.

말은 믿을 수 없는 것으로, 행동은 믿을 수 있는 것으로 바라보는 시선 또한 편견이다. 말로도 거짓을 표할 수 있지만 행동으로도 얼마든지 거짓과 가장을 표현할 수 있다. 싫어도 억지로 웃을 수 있고, 귀찮아도 참고 도와줄 수 있다. 걷다, 달리다, 춤추다, 거절하다, 웃다 등이 행동이듯 말하다, 글 쓰다도 행동의 일환으로 봐야 한다.

왜 그러냐 하면, 사실 우리가 일상에서 쓰는 대부분의 말이 명제가 아니기 때문이다. 우리의 일상어는 대부분 참과 거짓을 구분할 수 없는 형태로 이루어져 있다. 말은 대부분, 정보나 지식을 담는 그릇도 아니고, 구체적인 대상이나 의미를 지시하는 손가락도 아니다. 물론 그런 경우도 많지만 그렇지 않은 경우가 훨씬 더 많다.

예를 들어보자. 예능 프로그램 〈강철부대〉에서 박군이 과열된 열기를 가라앉히려 일부러 참호의 진흙탕 물을 퍼 마시며 "아이고 믹스커피 맛있네!"라고 했을 때, 그 말은 참도 거짓도 아니며, 특정한 정보나 지식을 전달하는 것은 더더욱 아니다. 믹스커피가 아니라 진흙탕 물이었고 당연히 맛있을 리 없다. 그렇다면 그는 거짓말을 한 건가. 아니다. 무의미하고 쓸데없는 말을 한 건가. 그것도 아니다. 그것은 일종의 퍼포먼스다. '우리 잠깐 머리 좀 식히자'라는 의도를 담은 행동이었다.

아침 출근길에 매일 보는 동료를 만나 "너 오늘따라 유난히 예쁘다 얘!"라고 했을 때도 마찬가지다. 물론 진짜 예뻐 보여서 그랬을 수도 있지만, 대부분 인사치레인 경우가 많다. 그렇다고 그 말의 진위를 가리는 것은 무가치하다. 아침부터 왜 쓸데없는 말이나 하면서 에너지 낭비하냐고 핀잔을 준다면, 그 사람은 앞으로 혼자 살 팔자다. 그 외에 명령문, 의문문, 감탄문, 혼잣말 등도 모두 마찬가지 예시다. 한번 곰곰이 생각해 보라. 내가 하루 동안 하는 말 중에 얼마나 많은 문장이 정보 전달을 목적으로 하는, 진위를 따질 수 있는 명제 형태를 하고 있는지. 생각보다 적어서 놀랄 것이다.

그럼에도 불구하고 문해력 담론 같은 데서 우리는 언어를 마치 명제와 같은 차원에서 생각한다. 그러다 보니 문해력을 키우기 위한 방편으로 독서니 배경지식이니 그런 얘기들이 나오는 것이다. 하지만 정보나 지식 차원에서 말을 생각하기 전에 현실에서의 구체적인 행동 차원으로 먼저 본다면, 문해력에 대한 새로운 접근이 열릴 것이다.

우리가 주고받는 말은 모두 구체적인 현실에서 일어

나는 행동이다. 그렇기 때문에 그때 그 순간의 상황과 맥락에 대한 이해가 있어야 정확한 의미 파악이 가능하다. 누군가 나에게 "너 참 잘생겼다"라고 말했다면 나는 저 말의 의미와 의도를 곱씹어 볼 것이다. 그것을 파악하려면 전후 사정뿐 아니라 그와 나의 관계의 역사까지도 되짚어 봐야 한다. 똑같은 문장이어도 누가 하느냐에 따라 의미가 정반대가 될 수도 있고, 같은 사람이 같은 문장을 내뱉더라도 상황과 맥락에 따라 의미가 달라질 수 있다. 그 차이를 캐치하는 법은 현실에 대한 이해밖에 없다. 언어의 내적 논리만으로는 왜 같은 문장이 정반대의 의미가 될 수 있는지 논증할 수 없다.

오스틴은 언어 사용을 2가지로 구분하는데, 하나가 '진위적 사용'이고, 다른 하나가 '수행적 사용'이다. '진위적 사용'이란 언어를 명제 차원에서 사용하는 걸 말한다. 쉽게 말해 말과 글을 정보 전달의 수단으로 사용하는 것으로, 그 말/글은 진위를 가릴 수 있는 형태를 하고 있다. '수행적 사용'이란 앞서 논의한 것처럼 언어를 행위 차원으로 사용하는 것이다. 행동처럼 특정한 의도나 목적은 지녔을지언정, 진위를 따질 만한 정보는 가지지 않는다. 한 번 더 강조하자면, 그동안의 문해

력 담론은 언어의 '진위적 사용'에만 초점을 맞추고 그
것이 언어의 전부라고 오해해 온 게 아닌가 하고 의문
을 던지는 중이다.

  그런데 오스틴에 따르면, 궁극적으로 '진위적 사용'
도 '수행적 사용'에 포함되기 때문에 사실상 모든 언
어 사용은 '수행적 사용'이 된다. 언어의 '진위적 사용'
조차 '수행적 사용'이 되는 이유는, 모든 문장은 최소 2
개 이상의 행위를 수행하기 때문이다. 예를 들어, 시험
도중 감독관이 "시험 시간이 5분 남았습니다"라고 말
했다고 가정하자. 저 말은 크게 3가지 행위를 동시에
수행한다. 1. 내용 자체를 전달. 2. 감독관으로서의 역
할과 책임 수행. 3. 응시자들을 서두르게 만드는 영향
력 발휘. 각각 '발화행위', '발화수반행위', '발화효과행
위'라 한다. 오스틴은 모든 문장은 반드시 '발화행위'
와 '발화수반행위'를 동시에 수반하며, 다수의 경우 '발
화효과행위'까지도 수행한다고 말했다. 그러므로 어떤
말을 하든 언어 사용은 그 자체로 행동이다.

  여기서 내가 전하고자 하는 의도를 존 설의 언어관에
서도 엿볼 수 있다. 설은, 문장의 의미는 결코 그 자체
로 은유적이지 않으며, 오로지 발화 의미만이 은유일

수 있다고 주장한다. 다음 예를 보자.

> A : 오늘 저녁에 같이 영화 볼래?
> B : 다음 주에 시험 있어.
> A : 알았어.

위 대화는 언어 자체의 내적 논리로만 보자면 대화가
성립할 수 없다. 왜냐하면 B가 동문서답을 하고 있기
때문이다. 같이 영화 보자고 물었으면, 보겠다 안 보겠
다 답을 해야지 느닷없이 시험 얘기만 꺼낸다. 어쩌자
는 건가. 흥미롭지만 당연하게도, 위 대화는 실제 현실
에서 일어난다 해도 아무 문제 없다. 보통은 B의 말뜻
을 알아들을 것이므로.

그런데 그러려면 현실에 대한 많은 이해가 필요하다.
우선 B가 처한 상황을 알아야 하고, 시험이란 게 무엇
인지 알아야 하며, 그것이 얼마나 중요한지, B가 시험
을 어떻게 생각하는지, 그래서 B가 오늘 저녁에 무엇을
어떻게 하겠다는 건지, 그것이 영화 관람과 어떤 관계
인지 등을 파악할 수 있어야 한다. 따라서 우리는 실제

문장의 뜻을, 해당 문장과 그 전후 문장 간의 내적 논리만으로는 이해할 수 없다. 반드시 그 문장을 둘러싼 현실의 관계와 맥락을 사전에 알고 있어야 한다. 위 예시를 좀 더 밀고 나아가 보자.

만약 B가 시험이 있음에도 결국 A랑 영화를 봤다고 가정하자. 영화를 보고 귀가한 B는 그 사실을 엄마에게 들킨다. 엄마가 말한다. "잘한다" 엄마의 저 문장은 모순은 아니지만 난센스이다. 그럼에도 현실에서는 적확한 의미를 발산한다. B는 엄마의 의도를 아주 잘 이해할 것이다. 그 말은 사실 '잘하고 있지 않다'는 뜻이다. 흥미로운 점은, 저 말의 표면적인(언어 내재적인) 의미와 심층적인(현실과 연계된) 의미는 모순이며 따라서 두 의미는 공존할 수 없다는 것이다. 그러므로 저럴 경우, 하나의 의미(=잘하는 게 아니다)가 채택되면 나머지 하나(잘한다)는 기각된다. 저 문장에서 어느 의미를 채택하고 기각할지를 결정하려면, 언어 자체에 대한 이해만으로는 불가능하다. 나와 엄마가 어떤 관계이며, 엄마의 평소 언어 습관이 어떤지, 엄마의 성격은 또 어떠한지, 엄마가 원하는 바는 무엇인지 등을 이미 파악하고 있어야 한다. 그렇지 않으면 말의 의미를 오해하기 쉽다.

이번엔 아예 다른 예시를 보자. "손흥민은 산소탱크이다" 이 또한 문장 자체만 보면 대단히 난센스이고 거짓이며 무의미하다. 당연히 손흥민이 산소탱크일 리없으며 반대도 마찬가지다. 하지만 저 말을 하면 대부분의 사람들은 고개를 끄덕일 것이다. '손흥민'에 대한 배경지식과 '산소탱크'에 대한 사전지식을 알고 있으며 그 둘의 공통점을 추론할 수 있기 때문이다. 설이 말하고자 하는 점은, 문장의 의미는 그 자체의 논리나 체계에서 내재적으로 발생하는 게 아니라, 그 문장이 발화되는 행위 차원에서 나타난다는 것이다. 그러므로 발화의 현실적 맥락에 대한 이해가 기본이다.

위와 같은 생각을 빗대어 학자들은 '언어의 빙산'이라고 표현하기도 한다. 빙산은 91%가 바다에 잠겨 있고 9%만이 물 밖에 나와 있다. 바깥에 나온 부분을 언어로, 물속에 잠긴 부분을 맥락, 배경지식, 기억 등으로 비유할 수 있다. 언어 자체가 가지고 있는 의미보다는 언어와 얽힌 현실과의 연쇄가 훨씬 두텁다는 뜻이다. 그러므로 언어의 의미를 적확하게 파악하기 위해서는 언어 자체뿐 아니라 언어 외적인 부분들에 대한 이해도가 높아야 한다.

위와 같은 논의를 이미 주장한 사람이 있었으니 바로 러시아 문학평론가 미하일 바흐친이다. 언어에 대한 그의 입장을 '대화주의'라 하는데, 언어의 의미는 사회적 상황에서만 존재한다는 관점이다. 바흐친은 기본적으로 모든 언어적 표현은 '대화'라고 주장했다. 지금 이 글 또한 대화의 일종이다. 독자를 상대로 내 생각을 전하는 중이기 때문이다. 모든 언어적 표현은 어떤 이가 어떤 이에게 전하는 메시지인데, 그때 그 양자는 항상 특정한 사회적 상황에 처해 있다. 따라서 해당 언어를 이해할 때 반드시 당시의 사회적 상황을 고려할 수밖에 없다. 독백이나 일기도 예외는 아니다. 그것들 또한 내적 대화로서 구체적인 사회적 상황을 초월하지 못한다. 그러므로 모든 언어는 사회적(수평적-공시적-횡적) 수준과 역사적(수직적-통시적-종적) 수준의 넓이와 깊이를 담는다.

그런 이유로 언어는 혼자서는 만들 수 없다. 무인도에 갇힌 로빈슨 크루소는 아무리 오랜 시간이 흘러도 혼자만의 언어 체계를 만들 수 없다. 만약 만든다면 그것은 언어가 아니라 기호가 된다. 사람들이 언어에 대해 정말 많이 오해하는 것 중 하나가, 언어와 기호를 같은 것으로 본다는 점이다. 언어는 인간에게만 있는 고유한 특성이라고 하면, 반박하는 사람들이 가끔 있다. 동물에게도 언어가 있다며 말이다. 그들은 예시로, 꿀벌 등을 든다. 안타깝지만, 동물들이 가진 그 의미 전달 체계는 언어가 아니라 기호이다. 왜냐하면 꿀벌의 춤도 원숭이의 비명도 모두 딱 하나의 의미만 지니기 때문이다. 하나의 표현에 반드시 하나의 의미를 담는다. 동물의 기호는 기표와 기의 사이가 일대일대응 관계다.

인간의 언어는 절대 그렇지 않다. 같은 문장이어도 반어적인 의미를 띨 수가 있다. 당시 상황과 맥락을 통해 우리는 그 문장이 직설인지 반어인지를 유추할 수 있다. 동물의 기호로는 그런 식의 의미 생성이 불가능하다. 동물의 기호는 상황과 맥락이 축적되지 않으므로 사회성도 역사성도 없다. 없는 것을 표현할 수도 없기에 창의성 또한 없다. 그러므로 의미 관계가 기계적이고 1차원적이다. 그런 이유로 무인도에 혼자 사는 로빈슨 크루소는 언어가 아니라 기호만을 만들 수 있다. 그 기호가 다른 사람과의 관계에서 사용되고 그 다른 사람이 또 다른 사람과 같은 기호로 소통하는 것이 반복되어 사회적인 망 전체에 퍼지고, 또 그것이 충분한 시간을 지나 역사성이 쌓이면 언어가 될 수 있을 것이다. 지금 이 순간 내가 하는 말은 이미 과거에 다른 사람들에 의해 말해진 수많은 내역이 혼재하고, 따라서 내 말의 의미는 절대 하나가 될 수 없다.

바로 그렇기 때문에 오해도 가능하다. 정확히는 오해와 이해는 동전의 양면이다. 따라서 각각의 오해들은 저마다 정당하다. 말하는 사람의 역사/경험/맥락과 듣는 사람의 역사/경험/맥락은 각자 다르기 때문이다. 그런 점에서 본다면 소쉬르의 언어학은 사후적인 원근법적 도착에 의한 해석이 된다. 이미 오랜 시간이 지나 탄탄하게 성립된 언어를 뒤돌아보았을 때, 심지어 언어에 연결되어 있는 모든 현실의 고리를 끊어낸 뒤 언어만을 박제시켜 놓았을 때, 마치 언어의 의미가 언어 내적으로 작동하는 것처럼 보였던 것이다. 하지만 지금까지의 논의를 통해 이제 우리는 언어가 언어 자체의 논리만으로는 작동할 수 없다는 걸 알게 되었다. 언어는 반드시 언어 외부의 다른 체계와의 접점을 통해서만 의미를 발생시킬 수 있다. 그 외부의 다른 체계란 결국 현실 세계를 말한다.

한 가지 더 짚고 넘어갈 점은, 하나의 언어는 하나의

단일한 체계로 구성되지 않았다는 점이다. 언어는 1명의 발명품이 아니고 수많은 사람들의 사회성과 역사성으로 직조해 낸 유동적인 결과물이다. 개개인이 처한 현실 세계는 저마다 다르며 그것들이 언어와의 접점에서 빚어낸 의미 체계 또한 개인마다 다르다. 하나의 언어는 언어 구성원 전체의 체계를 포섭하므로 수많은 체계가 어지럽게 겹쳐진 콜라주에 가깝다. 그렇기 때문에 한 사람의 언어 또한 하나의 단일 체계가 아니라 다중 체계가 된다. 언어는 혼자 쓰는 게 아니라 타인과 함께 쓰는 '대화'이기 때문이다.

장년 비트겐슈타인에 따르면, 단어의 의미만 여러 층위인 게 아니라, 문법적 용례나 규칙에도 여러 레벨이 있다. 단어의 사전적 의미가 오히려 단어의 의미를 얄팍하게 만들어 언어에 대한 이해를 방해하듯, 언어의 문법 또한 언어를 이해하는 데 방해하는 측면이 있다. 예를 들어, "의자가 있다", "공기가 있다", "마음이 있다", "시간이 있다"는 문장을 비교해 보자. 저 문장들에서 '의자', '공기', '마음', '시간'이라는 각 명사들의 의미적 레벨은 모두 다르다. 마찬가지로 각 문장에서 '있다'라는 동사의 의미도 전혀 다르다. 같은 문법적 구조를 취하고 있다는 착각 때문에 종종 우리는 언어적 실수를 저지른다. 때로는 자체적인 모순을 일으키기도 한다. 가령 "나는 지금 거짓말을 하고 있다" 같은 문장. 어쨌든 저 네 문장에서 각 명사 간 의미론적 레벨의 차이와 4가지 '있다'의 차이를 언어 내적 차원만으로는 알아낼 수 없다. 그 차이를 알려면 반드시 현실에서의 경험이 필요하다. 현실에서의 경험이 부족하면 언어에 휘둘리게 된다.

비트겐슈타인은 사자가 말을 할 줄 안다고 해도 우리는 사자가 하는 말을 이해할 수 없을 거라 말한 바 있다. 위에서 언급했다시피 단어의 의미적 레벨의 차이와 문장의 문법적 레벨의 차이는 언어 내적 논리로는 파악할 수 없다. 반드시 그에 대응하는 현실에서의 경험을 겪어봐야 한다. 직접적으로든 간접적으로든 말이다. 그런데 우리는 사자의 경험을 체험할 수 없다. 따라서 사자가 세상을 어떻게 보고 지각하고 대응하는지를 전혀 알 길이 없다. 경험이 빠진 언어는 난센스가 되고 만다는 것을 우리는 지금까지 여러 차례 살펴보았다. 그러므로 사자가 하는 말은 인간에게 의미화될 수 없다.

문해력을 기른다는 건, 언어적 의미 파악 능력을 기

르는 것인데, 그것은 곧 해당 언어가 연결된 현실에서
의 상황과 맥락을 이해하는 능력을 기르는 것과 같다.
언어적 능력을 기르기 위해 언어의 내적 논리만 학습
하는 것은 허구적이며 따라서 비본질적이다. 결과적으
로는 비효율적이기까지 하다. 해당 언어가 뿌리내린
현실에 대한 이해가 없으면 언어에 대한 이해 또한 얄
팍해지거나 편협해질 수밖에 없다. 그리고 그런 이해
는 종종 오해를 낳을 것이다. 현대인들의 문해력이 낮
아졌다면 그러한 차원에서 분석해 보는 것이 유효하지
않을까.

문해력을 문해하다

文解力

07

언어의 의미 6

- 소결말

학생들에게 설명하기 까다로운 개념 중 하나가 '구조주의'다. 구조주의에서 '구조'가 무엇을 뜻하는지를 알려주는 것은 여간 힘든 일이 아니다. 보통 '구조'의 의미를 많이들 오해하곤 하는데, 대표적으로 '구조'를 관점이나 프레임으로 이해하는 입장이다. 쉽게 말해 '구조'를 사전적 의미로 파악하는 것이다. 하지만 구조주의에서 말하는 '구조'는 사전적 정의와는 무관하다.

구조주의를 이해하기에 가장 직관적인 접근법은 역사와 대조하는 방식이다. 말 그대로 '구조'라는 개념은 '역사'라는 개념의 이항대립어로 이해할 수 있다. 대부분의 사람들은 역사적 사고에 익숙하기 때문에 그와 반대인 구조적 사고가 무엇인지를 낯설어하는 것인지도 모른다. 역사라는 건 하나의 대상을 이해하는 데 있어 시간이라는 종적 축을 통해 그 사이의 인과관계를 따지는 사고방식이다. 예를 들어 '대한민국'을 이해하기 위해 고조선-삼국시대-고려-조선-일제강점기-대한민국이라는 시간적 축에서 전후 사정을 인과적으로 바라보는 관점이 역사적 관점이다.

반대로 구조적 사고란 하나의 대상을 이해하기 위해 공간 축으로 보는 것이다. 똑같은 예로, '대한민국'을 중국-일본-

미국–북한–러시아–⋯–한국의 관계 속에서 이해하는 입장이다.

'구조'는 인류학자 레비 스트로스가 확립한 개념인데, 그는 그 아이디어를 니콜라 부르바키의 구조주의 수학에서 영향받았다. 구조주의란 인간 사회를 이항대립적인 개념 쌍들의 관계망으로 이해하려는 시도다. 그 관계망은 어떤 사회든 보편적으로 적용될 수 있음을 레비 스트로스는 실증적인 연구를 통해 귀납적으로 증명해 보였다. 그러므로 철학에서 말하는 '구조'란 보통명사가 아니라 고유명사다. 인간 사회의 기저에 있는, 정해진 특정한 이항대립쌍의 관계망을 총칭하는 용어랄까.

'구조' 개념을 좀 더 쉽게 이해할 수 있는 사례가 가위바위보 아닐까. 가위를 이해하기 위해서는 바위나 보와의 이항대립적 관계에서 봐야 한다. 가위 자체로는 그 의미가 미결정된 상태다.

나는 지금까지 '구조' 개념을 구조적 관점에서 설명했다. '구조'를 역사적 관점으로 설명할 수도 있었다. 부르바키가 왜 어떤 맥락에서 구조주의 수학을 정립했는지, 그 전후 사정이 무엇인지, 레비 스트로스는 또 어떤 시대적 배경과 학문적 영향에서 구조라는 개념을 차용했는지 등을 설명한다면 그것이 곧 역사적 관점이다. 그런데 나는 '구조' 개념을 '역사'와의 이항대립적 관계 안에서, 또 가위바위보라는 이항대립적 사례를 바탕으로 설명했으니, 이는 구조적 관점에서의 설명인 셈이다.

앞서 나는 언어란 단일 체계가 아니라 다중 체계라고 언급했다. 그것을 문해력의 관점에서 본다면, 문해력을 높인다는 건 내가 쓰는 언어의 체계를 두텁게 만드는 동시에 다양한 수의 체계를 도입하는 작업이 될 것이다. 한국어라는 언어는 (한국인의 수보다 훨씬 많은) 수 없이 많은 체계로 범벅이 되어 있는 상태다. 그중에서 내가 마주치고 이해하고 사용하는 체계는 극히 일부다. 내가 모르는 체계를 최대한 많이 확보하고 받아들이는 것이 문해력을 높이는 작업의 본질이다.

그러한 차원에서 현대인의 문해력이 저하된 이유를

2가지 방향으로 접근하려 한다. 1. 현실에서의 경험이 절대적으로 부족하기 때문이라는 거다. 다시 그 이유를 크게 2가지로 볼 수 있는데, 1-1. 생활의 전면적인 온라인화. 1-2. 일상적인 루틴의 단순화다.

1-1. 현대인은 상당 시간을 스마트폰과 태블릿과 PC에 할애한다. 그 시간만큼 현실을 마주하는 시간은 줄어든다. 온라인으로 세계를 경험하는 것과 직접 현실에서 세계를 경험하는 것은 질적으로 다르다. 그에 대해서는 신경과학을 다루는 다음 챕터에서 상세히 논하겠다. 여기서는 일단 그 정도로만 이해하고 넘어가자.

1-2. 초·중·고등학생들이 경험하는 일상의 루틴이 매우 단순해졌다. 집-학교-학원-독서실-스터디카페가 그들이 발 딛는 대부분의 공간이다. 10여 년 동안 같은 공간을 반복 순환하는 아동/청소년들에게 특별히 새로운 경험이 도래할 확률은 매우 낮다. 루틴의 단순화가 경험의 단순화를 낳는다. 그리고 경험의 단순화는 문해력의 단순화를 낳을 우려가 크다.

남은 또 하나의 문제점은, 2. 교육과 삶이 괴리되어 있다는 점이다. 학교에서 배우는 교과목들뿐 아니라 시험까지도 학생들의 실제 삶과의 연결고리가 끊어진지 오래다. 토익도 대표적인 사례다. 원래 토익은 영어가 모국어가 아닌 사람들이 일상이나 비즈니스 자리에서 영어를 구사할 수 있도록 고무시키고 그것을 검증하기 위한 시험이다. 하지만 토익 시험은 이제 그저 시험을 위한 시험, 점수를 위한 시험이 되어버렸다. 토익 점수가 900점이 넘어도 미국인을 만나면 제대로 대화조차 못하는 사람들이 태반이다. 수능도 마찬가지다. 대학을 가기 위한 무의미한 관문이 되었다. 수능 공부는 고등학생들의 내적 성장을 불러일으키지 못한다. 학문적/지적 호기심을 갖지 않는 이상, 학생들은 내신 및 수능 공부를 통해 자신을 계발시키지 못하는 실정이다.

교육과 삶의 괴리는 더욱 가속화되어 이제는 평가 자체를 공부하는 것만이 공부가 되어버렸다. 본래 공부란 건 그 방법이 정해진 게 아니다. 사람들은 각자의 방식과 스타일대로 공부하는 게 옳다. 저마다의 방법으로 공부한 다음에 한날한시 한자리에 모여 서로의 실력을 겨루는 것이 시험이다. 지금은 시험 자체가 목적이 되어 시험 잘 치는 방식을 공부하는 것만이 공부다. 이제 초·중·고등학생들은 모두 수능 문제집을 푼다. 그게 그들의 유일한 공부다. 애초에 수능은 학생 개인의 능력치를 평가하기 위해 개발된 툴인데, 이제는 그것이 수단에서 목적이 된 것이다. 주객전도.

특정한 시험의 방법론을 공부하는 것으로는 개인의 내적/외적 성장을 도모할 수 없다. 한국의 아동/청소년들은 성인이 될 때까지 세상을 공부하는 게 아니라 시험을 공부한다. 시험공부에 성장기 전체를 매진한다. 그러다 보니 제대로 된 현실의 경험을 겪을 시간도 기회도 부족하다. 그렇게 어른이 되었을 때 그들의 문해력이 충분한 수준에 이를 수 있을까. 쉽지 않아 보인다.

이제 개인적으로 중요한 경험 한 가지를 말해야겠다. 나는 고등학생 때 모의고사에서 유일하게 수능 국어(그때는 '언어 영역') 점수가 낮아 고민이었다. 중간, 기말 시즌을 제외하면, 거의 5일에 한 권 정도 수능 국어 문제집을 풀었으니, 못해도 1년에 40~50권은 풀었다. 그런데도 3년 내내 국어 점수는 오를 기미조차 보이지 않았고, 결국 수능 당일에도 국어를 죽 쑤고 말았다.

수능 후로는 국어 공부를 한 적이 없었다. 대입 후 3년 반이 지나고 여름, 나는 군대를 전역하고 과외를 구했다. 하필이면 고3 국어 과외가 들어왔다. 내가 과연고3 국어를 감당할 수 있을까. 고민이 컸다. 일단 수락하기 전에 내 실력을 점검하기 위해 직전 연도 수능 국어 기출 문제를 풀어보았다. 최대한 정확하게 하기 위해 타이머를 재어 시험 시간까지 지켰다. 다 풀었는데 시간이 꽤 남았다. 점수는?

만점이었다. 내 인생 최초로 수능 국어를 다 맞은 것이다. 나는 무척 놀랐다. 어떻게 그럴 수 있었을까. 나는 지난 3년 반 동안 수능 국어 자체를 접한 적도 없었는데 말이다. 교교 3년 내내 시중에 나온 국어 문제집이란 문제집을 다 풀었을 때도 꿈쩍 않던 점수였는데.

그때는 미스터리로 남겨진 그 경험이 지금의 나에겐 확실한 물증이 되어주었다. 내 국어 성적을 올린 건 지난 1년 반 동안의 대학 생활과 2년 동안의 군 생활 덕분이었다. 특히 군 생활이 결정적이었을 거라 생각한다. 문해력을 높인다는 건, 내가 가지지 않은 새로운 의미 체계를 체화하는 작업이다. 그것은 문제집만으로는 해결되지 않는다. 왜냐하면 문제집을 푸는 동안 나는 이미 기존에 내가 가진 의미 체계만을 활용할 것이기 때문이다. 내가 가진 의미 체계를 동어반복적으로 강화하는 것만으로는 문해력을 키울 수 없다.

국어 점수가 잘 안 나오는 학생이 있다면, 우선 자신의 성격을 되돌아보기 바란다. 고집이 센 사람일수록 국어 점수가 안 나오는 경향이 높다. 자신의 해석과 다른 해석을 마주했을 때 "말도 안 돼! 이런 억지가 어딨어? 이건 해설이 잘못된 거야"라고 말하는 쪽과 "아하 그렇구나! 이건 이런 식으로 해석해야 하는구나" 하는 쪽 중 전자의 국어 점수가 낮을 확률이 크다. 왜냐하면 그런 성향의 사람들은 자신과 다른 의미 체계를 만났을 때 그것을 비판하고 받아들이려 하지 않기 때문이다. 자신의 의미 체계가 옳다고 고수한다. 그래서는 진정한 배움이 일어나지 않는다.

나 또한 그랬던 건지도 모른다. 그러다 나와는 전혀 다른 수많은 사람들을 군대에서 만나고, 그들의 의미 체계를 수긍하지 않으면 생존할 수 없는 상황에서, 나는 다양한 체계를 체화할 수밖에 없었다. 그때 접한 낯선 상황과 맥락은, 그들이 내뱉는 언어에 실려 내 안으로 들어왔다. 그런 식으로 나는 내면을 살찌울 수 있었을 것이다.

공부란 본질적으로 도약을 전제로 한다. 나와는 다른 체계로 점프하는 것. 다른 체계로 도약하기 위해선 차이를 전제해야 한다. 나와 다른 시스템이 세상에 무수히 존재한다는 것. 그것을 인정하는 것이 공부의 시작이다.

그런데 현대인들은 자신과 다른 것을 참지 못한다. 배척한다. 자신과 같은 생각을 가진 사람들끼리 모여 같은 이야기를 끊임없이 주고받길 반복한다. 동조효과. 그러한 현상은 인간의 본성인 듯 예전부터 있었던 거지만, 온라인이 강세가 되고 SNS가 발달하면서 더욱 심해졌다. '동굴효과'라고도 불리는 이 현상은, 온라인 세상에서 마음 맞는 사람들끼리만의 작은 커뮤니티를 이루게 한다. 각 커뮤니티 사이의 소통은 단절되고, 갈등과 반목이 주를 이룬다. 이제 사람들은 자신과 반대되거나 대립하는 의미 체계는 차단한다. 안 보고 안 들으면 그만이라 여겨버린다. 그래서는 성장할 수 없다. 그 또한 문해력 저하의 원인이다.

한국에서 유독 수포자(=수학을 포기한 자)가 많은 이유도 위와 같은 맥락이라 생각한다. 대다수 수학학원의 공통점은 일단 문제집의 답안지를 빼앗아 간다는 점이다. 모르는 문제가 나와도 절대 답지를 못 보게 한다. 나쁜 습관이라며 말이다. 하지만 나는 답지를 못 보게 하는 행태야말로 가장 나쁜 교육 방식이라 본다. 그 방식이 상당수 학생들로 하여금 수학을 포기하게 만들기 때문이다.

우리는 수학적 사고, 그러니까 연역적 사고가 인간이 지닌 선험적인 능력이라고 착각한다. 1 더하기 1은 2라고 도출하는 능력을, 뭔가 암기의 대상이 아니라 인간이 가진 본성적인 사고 능력이라 착각하기 쉽다. 하지만 그렇지 않다. 가장 기본적인 추상화 능력조차도 그에 해당하는 수많은 사례를 축적하지 않으면 생기지 않는다. 그리고 사고의 패턴 자체도 수많은 훈련과 시행착오를 거쳐야 능숙해진다.

모르는 문제가 있으면 고민하지 말고 바로 답안지를 봐야 한다. 해설을 정독해야 한다. 내가 그 문제를 못 푼다는 건, 그 문제를 풀이하는 데 필요한 데이터가 내 안에 없거나, 있더라도 그 데이터를 조합하여 풀이할 만큼 체화되지 않았다는 뜻이다. 그런 상태임에도 1시간이고 2시간이고 머리를 쥐어뜯어 봤자 내 안에 없는 데이터가 생기는 것도 아니고, 체화되지 않은 풀이 과정이 갑자기 저절로 조합되지 않는다. 자전거를 못 타는 아이가 자전거 앞에서 1시간 동안 머리를 쥐어뜯으면 갑자기 자전거를 잘 타게 되는가? 뭐든 잘하려면 가장 먼저 충분한 입력의 시간이 필요하다. 수학도 그렇다.

앞서 언급했듯 우리는 언어를 배울 때 문법과 규칙을 먼저 배우지 않는다. 어린아이는 청크(단어 뭉치)를 가장 먼저 익힌다. 그리고 그 청크를 말함으로써 자신이 생각하는 의미와 청크가 부합하는지 끊임없이 주변인들로부터 피드백받는다. 그 과정을 반복하며 청크를 단어로 쪼개어 의미를 알게 되고, 그 단어들로 문장을 구성할 수 있게 된다. 물론 그렇게 되기까지 수많은 시행착오와 피드백을 겪는다.

초기 인공지능이 실패한 이유도 그와 같은 오해 때문이었다. 초기에 개발자들이 인공지능을 만들 때 거시적인 규칙을 먼저 알려주려 했다. 하지만 고양이를 알려주기 위해 아무리 이론적으로 설명한들 바로 눈앞의 고양이를 인공지능은 캐치하지 못했다. 고양이는 매 순간 다른 자세를 취하고 또 그런 고양이를 인공지능은 제각기 다른 각도에서 포착하니 말이다. 지금의 인공지능이 성공할 수 있었던 비결은 딥 러닝 덕분이다. 고양이 사진을 그야말로 수십 수백만 장을 보여줌으로써 인공지능이 스스로 고양이를 추상화할 수 있게 한 것이다.

이 지점이 소쉬르와 장년 비트겐슈타인의 결정적 차이점이다. 소쉬르는 언어의 규칙을 마치 뉴턴이 전제한 시공간처럼 고정적으로 붙박인 거라고 보았다면, 비트겐슈타인은 아인슈타인이 그려낸 시공간처럼 상대적인 변수라고 보았다. 지금 우리는 후자가 옳았음을 끊임없이 확인하고 있다.

수학을 잘하려면, 처음부터 이론과 법칙을 가르치고, 그다음 학생이 알아서 풀어보라며 개별적인 문제를 제시해서는 아무 소용이 없다. 반대여야 한다. 개별적인 문제와 그 상세한 풀이 과정을 수없이 보여주어야 한다. 문제만 보여주면 안 된다. 그 문제를 풀이하는 과정, 그러니까 그 사고의 메커니즘에 충분히 노출되어야 한다. 모르는 문제가 나오면 머리 싸매고 풀릴 때까지 고민하지 말고 가차 없이 곧장 답지의 해설을 봐야 한다. 그 과정이 반복되어 충분한 데이터가 쌓인 후에 혼자 진득이 문제를 풀어봐야 한다.

물론 소수의 학생들은 혼자 끙끙 앓아가며 몇 시간이고 한 문제를 고민하는 그 과정을 즐거워하고 보람을 느낀다. 하지만 대부분의 사람들은 그것을 재밌어하지 않는다. 애초에 데이터 부족 탓으로 풀리지 않는 문제를 공허하게 끙끙대 봤자 수학이 싫어지기만 할 뿐이다. 자식에게 낚시를 가르칠 때 가장 훌륭한 부모는 어부가 물고기 잡는 모습을 보여준다 했고, 가장 어리석은 부모는 자식에게 물고기를 잡아준다고 했다. 그 중간쯤 되는 부모는 낚시 이론을 알려준다.

근래 들어 문화콘텐츠들의 서사가 빈곤해지고 있음을 느낀다. 여러 지인들과 얘기를 나눠보면 나만 그렇게 느끼는 건 아닌 듯하다. 20년 전쯤만 해도 영화를 보거나 소설을 읽으면 디테일이 매우 치밀하다고 느껴졌는데, 요즘은 캐릭터도 서사도 요소요소들을 조합한 느낌이 강하게 든다. 이른바 짜깁기. 디테일이 부족하다. 그러한 실태도 문해력 저하의 한 표층적 현상이 아닌가 생각된다.

현재 콘텐츠 생산자들은 대부분 20~40대일 것이고 그들은 모두 수능 세대다. 나이가 어릴수록 10대 때 오직 수능 위주로 돌아가는 얄팍한 현실을 살았을 가능성이 크다. 이후 줄곧 스마트폰이 일상을 주도하는 삶을 살았다면, 그들이 경험해 온 현실은 매우 표층적이고 얇은 조각들의 집합이지 않을까. 왜냐하면 그들은 살아온 삶의 대부분 시간을 콘텐츠 상품 소비에 할애

했을 테니 말이다. 그런 그들이 영화든 소설이든 만화든 창작할 때, 자신의 내면에서 끄집어낼 수 있는 디테일이란 게 별로 없지 않을까.

자신의 구체적인 현실 대신 문화콘텐츠를 많이 보고 자랐을 터이니, 그들이 출력할 수 있는 결과물은 결국 자신들이 보고 들은 작품들의 요소요소일 것이다. 그러다 보니 비슷한 결과물이 순환적으로 짜깁기되는 양상을 띠게 된 건 아닐지. 흔히 말하는 '양산형 콘텐츠'들의 이면에는 한편으로 그러한 기제가 작동하는지도 모르겠다.

우린 종종 옛날 작품들이 좋았다고 생각하는 경향이 있다. 과거의 명작들은 모두 작가 개인의 고유한 현실에 뿌리를 내리고 있다. 그 각각의 현실은 대체 불가능한 경우가 많을 것이다. 물론 현대의 작품들도 작가 개인의 현실에 뿌리를 내리고 있겠지만, 그 현실이란 게 상당 부분, 너도 보고 나도 보는 기존 콘텐츠이지 않을까 싶은 거다. 그러므로 현시대에 작품의 질은 작가의 플레이리스트가 얼마나 특이하고 방대하냐에 좌우되지 않을까.

재판에서 '물증주의'를 기본 원칙으로 삼는 이유 또

한 지금까지의 맥락에서 이해할 수 있다. 언어만으로는 판사가 결론을 도출할 수 없기 때문이다. 실제로는 1명의 변호사가 똑같은 사건에 대해 원고와 피고 모두를 변호할 수 있다. 다만 누구의 의뢰를 받느냐에 따라 변호사의 입장이 정해질 뿐이다. 지금의 의뢰인이 아닌 상대측의 의뢰를 받았다 해도 그 변호사는 얼마든지 법정에서 자신의 논리를 펼치며 대응할 수 있다.

그러므로 재판에서 양측의 주장과 변호는 처음부터 하나의 단일한 체계였던 것이다. 이미 수차례 언급했듯, 하나의 단일한 체계 내에서는 그 내적 논리만으로 의미를 산출할 수 없다. 반드시 다른 체계와의 접점이 필요하다. 재판에서 '검사 vs 변호사' 혹은 '변호사 vs 변호사'의 논증은 겉보기엔 다른 두 입장의 접점처럼 보여도 실은 하나의 체계에서 생기는 다른 두 사례의 다툼일 뿐이라는 거다. 그렇다면 이 재판 자체의 체계와는 다른 체계와의 접점이 반드시 필요하다. 그 다른 체계가 재판에서는 '현실'이고, 접점은 '물증'일 것이다. 그러므로 '물증'이 없다면 수사든 재판이든 단 한 걸음도 나아갈 수 없다. 단 하나의 물증이라도 있어야 양측 입장이 모종의 결론으로 치달을 수 있다.

1994년에 흥미로운 재판이 있었다. 맥도날드 커피 소송 사건이다. 한 할머니가 맥도날드 드라이브 스루 매장에 차를 몰고 와 뜨거운 커피를 주문했다. 주문한 커피를 받은 할머니는 차를 출발하다 실수로 커피를 양쪽 허벅지 안쪽에 쏟았는데 3도 화상을 입고 말았다. 할머니는 지나치게 뜨거운 커피를 서비스한 맥도날드의 잘못이라 주장하며 소송을 걸었다. 이 재판은 계속 맥도날드에 유리하게 흘러갔다. 그런데 마지막에 판결을 뒤집는 계기가 있었으니. 바로 3도 화상을 입은 할머니의 허벅지 사진 공개였다. 그 사진을 본 배심원들은 마음을 바꿔 맥도날드가 유죄라고 판결했다. 할머니 측 변호사가 아무리 떠들어도 먹히지 않던 법정이, 사진 몇 장에 설득된 것이다. 이는, 하나의 단일한 언어 체계가 다른 현실 체계와의 접점에 의해 완전히 정반대의 의미 규정으로 도약한 사례일 것이다.

위와 비슷한 대표적인 사례가 더 있는데, 바로 '조망 효과'다. 바야흐로 우주여행 시대 아닌가. 우주에 나가 푸른 지구를 통째로 바라보면 사람들의 마음이 한없이 누그러진다고 한다. 그래서 우주여행을 다녀온 후 완전히 새로운 삶을 살게 됐다는 사람들이 적지 않단다.

책상 앞에 앉아 키보드나 끼적이는 나 같은 범인(凡人)은 그게 뭐가 그렇게 대단한 경험인가 싶다. 우주에서 지구를 찍은 사진은 인터넷에서 수없이 봤고, 지구와 태양계, 나아가 우리 은하가 어떻게 생겨먹었는지도 보고 배워서 이미 잘 알고 있다. 그렇기에 우주에서 지구를 볼 때 어떤 기분일지도 상상할 수 있다.

그럼에도 그 모든 내면의 정보는, 실제로 내가 우주에 나가 지구를 바라보는 직접 체험과는 질적으로 다를 것이다. (그것은 마치 앞서 말한 '만약에'라는 가상의 상황을 상정하는 것과 실제로 현실에서 직접 부닥치는 것의 차이만큼 다를 것이다) 우주여행이라는 체험이 세상을 바라보는 시선과 관점을 바꿔놓는다니! 그래서 세상에 대한 의미를 완전히 바꿔놓는다니! 언어 자체의 논리로는 거의 불가능한 일이, 직접적인 체험 하나로는 가능하다. 이제 우리는 다음 챕터로 넘어갈 준비가 되었다. 몸에 대한 이야기다. 다음 장에서는 우리 신체가 외부 세계를 어떻게 받아들이고 몸에 새기는지에 대해 살펴보겠다.

文解力

08

신경의 원리 1

– 정보통합이론

친한 친구와 종종 빵집이나 맛집을 찾아가서 맛보는 걸 좋아한다. 그때마다 그 친구가 자주 하는 말이 있다. "내가 이런 걸 먹어본 적이 없어 이게 맛있는지 없는지 잘 모르겠어" 그때마다 나는 기가 차다는 식으로 대꾸한다. "넌 뭐 이제 갓 이유식 뗀 아기냐? 네가 그동안 먹은 음식이 몇 갠데 맛을 모르겠다는겨?" 하지만 곰곰이 생각해 보면 그 친구 말이 맞기에 나는 결국 입을 다문다.

　언젠가 북한산 밑에서 닭한마리를 먹었다. 한 친구가 엄청 맛있다며 아주 그냥 솥째 들고 국물을 들이켜는 것이다. 솔직히 그 친구를 제외한 나머지는 별로 맛이 없다는 평이었기에 그 친구의 반응이 신기했다. 물어보니 닭한마리를 태어나 처음 먹어봤다는 거다. 아 그래서 그렇구나. 이해됐다. 다음에 이 녀석을 데리고 동대문에 가야겠다고 생각했다.

　고기도 먹어본 사람이 맛을 안다고 한다. 이런 상황을 가정해 보자. 회를 한 번도 먹어보지 않은 친구와 방어회를 먹으러 간 상황. 방어회를 한 점 먹은 친구에게 물어보자. "맛있니?" 친구는 회가 처음이라며 맛있는지 어떤지 잘 모르겠다고 답한다. 이때 내가 "회는 처음이어도 닭고기 소고기 돼지고기는 먹어봤을 거 아냐? 그거랑 비교하면 어때?" 이렇게 되면 정당한 평가는 불가능해진다. 삼겹살이랑 방어회 맛을 비교한다? 가능은 하지만 그렇게 되면 디테일은 상당 부분 제거되어 버리고, 돼지고기 일반과 회 일반의 맛 비교로 넘어가게 된다. 더 나아가 고기를 처음 먹어본 사람에게 고기 맛을 케이크나 초콜릿과 비교해 보라 한다면? 역시 가능은 하지만 처음의 의도와는 상당히 어긋나게 된다.

    인간은 비교대상이 있어야 해당 대상을 자세히 파악할 수 있다. 이 자명한 진실을 나는 친구와의 맛집 탐방에서 종종 깨닫곤 한다.

문해력도 결국 생각의 일종이다. 글에서 의미를 도출하고 이해하고 적용하고 반성하는 등의 내적 행위가 '문해'다. 에드문트 후설은 인간의 모든 문제는 결국 내면의 문제라고 주장했다. 지금 들어도 충분히 생각해 볼 지점이 있는 메시지인데, 후설이 저 말을 한 지가 벌써 100년이 더 지났다. 당시에는 얼마나 센세이셔널했을까. 이런 뜻이다. 우리가 보고 듣는 것, 생각하는 것, 기억하는 것, 추론하는 것, 고민하는 것, 원하는 것, 싫어하는 것 모두 마음속에서 일어나는 일이다. 지금 세계의 한쪽에서 전쟁이 일어난다 해도 그것은 외부의 사건으로서 중요한 게 아니라 그 전쟁을 지각하고 의미화하여 걱정하는 정신이 더 본질적이라는 말이다. 그러므로 후설은 세계의 문제를 해결하고 싶다면 인간의 내면을 해결하면 된다고 생각했다.

스승의 등에 칼을 꽂는 제자야말로 거장이 될 수 있다 했으니. 후설의 등에도 정통으로 칼을 꽂는 이가 나타났다. 심지어 후설보다 더 유명해졌다. 마르틴 하이데거다. 그는 후설의 생각에 전면적으로 반대하고 나섰고 덕분에 둘의 사이는 최악이 되었다. 후설에 반대한 하이데거의 생각을 내 나름대로 다시 풀어보겠다. 오감이 전혀 작동하지 않는 채로 태어난 아기가 있다고 가정해 보자. 이 아이가 다행히 잘 커서 성인이 된다면? 그에게 내면이 생길까? 의식이 있을까? 보고 듣고 만져지는 게 없다면, 맛도 냄새도 없다면, 살아 있더라도 완전한 암흑세계에서 사는 거라면, 자신이 살아 있다는 자각조차 없지 않을까. 촉각이 없어 아프지도 않을 테니 말이다.

하이데거는 인간에게 의식이 생길 수 있는 이유를 외부 세계에서 찾는다. 우리가 보고 듣고 느끼는 것들이 우리 안에 들어와 새겨진다. 그것들이 합쳐져 생각이 되고 의식이 되는 게 아니겠는가. 하이데거의 발상은 확실히 시대를 앞서갔다. 실제로 지금의 신경과학은 하이데거의 생각이 옳았음을 시사하고 있다. 입력값이 있어야 출력이 가능하다는 건 상식 아니겠나. 인간의 내면이 중요하다는 후설의 생각은, 정신이 충분히 형성된 이후에 뒤돌아본 사후 도착이었다. 인간의 정신은 원래부터 주어져 있는 게 아니다. 그러므로 그것의 기원을 묻는 질문이 더 적확한 탐구 방향일 것이다.

인간의 정신을 본질로 본 후설의 스탠스는, 지난 400년간 이어져 온 근대 서양철학의 기본값이었다. 인간의 정신이 중요하다는 후설의 생각에, 하이데거는 그 정신 또한 무언가에 의해 만들어진 종속변수라고 반기를 든 셈이다. 그렇다면 그 종속변수를 만든 독립변수는 무엇인가. 무엇이 정신을 만드는가. 정신은 어떻게 만들어지는가. 인간 정신의 기원과 형성 과정을 탐구해 온 신경과학의 세계에 이제 들어가 볼 차례가 되었다.

지난 30년간 신경과학의 주요 주제 중 하나는 "의식이란 무엇인가" 하는 점이었다. 의식을 탐구하는 신경과학자들은 저마다의 전제와 방향성을 지녔는데 주요 분파는 크게 둘로 나뉜다. 광역 작업공간이론과 정보통합이론. 그중 광역 작업공간이론은 광역 신경세포 작업공간이론으로 계승/확장되었다. 개인적으로는 두 이론이 모순된다고 생각되지는 않고 합쳐질 수 있지 않을까 생각한다. 왜냐하면 둘이 말하는 의식의 정의가 다르긴 해도 충돌하는 부분은 없기 때문이다.

정보통합이론은 의식을 횡적-수평적-공시적 레벨로 보는 한편, 광역 신경세포 작업공간이론은 의식을 종적-수직적-통시적 레벨로 간주한다. 정보통합이론은 의식을, 뇌가 가진 정보들끼리 융합하는 작업으로 여긴다. 반면, 광역 신경세포 작업공간이론은 의식을, '클립보드'의 양적 팽창과 시간적 지속성으로 생각한다. 여기서 '클립보드'란 컴퓨터의 OS에서 지금 작업 중인 데이터를 임시로 보관하는 공간을 말한다. 인간의 뇌도 매 순간 작업을 수행하는데 그와 관련된 정보값을 표층에 띄워야 한다. 그것이 의식이라는 말이다. 그렇기 때문에 나는 오히려 두 이론을 합쳐야 큰 그림이 그려지는 게 아닐까 상상한다. 물론 두 이론 사이에는 모종의 미싱링크가 있다. 마치 상대성이론과 양자역학 사이에 미싱링크가 있듯. 언젠가는 신경과학이 통합된 의식 이론을 제시하지 않을까.

정보통합이론이 말하는 의식은 문해력에 대해 생각할 점을 주기에 좀 더 찬찬히 살펴보자. 인간의 모든 정신 활동은 생명과학의 관점에서 신경으로 환원 가능하다. 정확히는 신경과 신경의 연결인 시냅스의 문제다. 인간 뇌에는 1,000억 개 정도의 신경세포가 있다. 신경끼리의 연결점인 시냅스는 총 100조 개 정도 있을 것으로 추정된다. 재밌는 건 소뇌에는 신경세포가 800억 개, 대뇌피질에는 200억 개 있다. 그렇다면 의식 같은 복합적인 정신 활동은 소뇌가 담당할 것 같지만, 실상 의식은 대뇌피질에서만 발생할 수 있다. 이것이 문제적이다.

왜 소뇌보다 신경세포가 4배나 적은 대뇌피질에서만 의식이 발생할까. 그것은 신경세포의 연결 방식이 다르기 때문이다. 비유적으로 표현하자면, 소뇌는 신경세포들이 병렬적으로, 대뇌피질은 직렬적으로 연결되어 있다. 그 차이는, 병렬적 연결은 각 연결이 서로에게 영향을 미치지 않는 독립적 존재인 반면, 직렬적 연결은 각 연결이 서로에게 영향을 끼치는 의존적이고 연쇄적인 형태라는 점이다. 그것이 무슨 말이고 왜 중요한가.

사진기든 USB든 알파고든 인간이 만든 기계에는 메모리가 있다. 리모컨이나 세탁기처럼 아주 간단한 기계여도 그렇다. 메모리를 담당하는 기본 유닛인 반도체의 경우 각 단자는 소뇌처럼 병렬적으로 연결되어 있다. 그래서 어느 한 부분이 망가져도 나머지 부분은 정상적으로 작동한다. 반도체의 개별 단자가 가질 수 있는 값은 ON/OFF 2가지뿐이다. 단자가 1억 개든 100억 개든 각 개별 단자의 정보값은 어쨌든 2개다. 소뇌도 마찬가지다. 800억 개의 신경세포가 있으니 시냅스 개수는 80조 개라고 추정할 수 있겠다. 80조 개의 시냅스 각각은 연결되었나 안 되었나 2가지 정보값만 가질 수 있다. 바로 옆 시냅스가 연결되었든 말든 해당 시냅스와는 아무 관련 없으며 어떤 영향도 끼치지 못한다. 그러니 소뇌가 가질 수 있는 정보값은 2×80조 =160조가 된다.

반면 대뇌피질은 다르다. 200억 개 신경세포가 있으니 단순 계산으로 20조 개 시냅스가 존재할 것으로 추정된다. 이때 20조 개의 시냅스는 서로에게 영향을 끼친다. 그 말인즉슨, 하나의 시냅스는 나머지 19조 9,999억 9,999만 9,999개 시냅스의 상태로부터 영향을 받는다는 말이다. 그러므로 대뇌피질이 가질 수 있는 정보값은 2의 20조 승이다. 이건 정말 어마무시한 수치다. 왜냐하면 우주에 존재하는 모든 원자의 개수가 대략 2의 300승이기 때문이다. 비교 불가한 수준이다.

그렇다면 저와 같은 초우주적인 용량을 가진 신체만 있으면 의식이 바로 발생하는가. 아니다. 아기를 보면 알 수 있다. 정보통합이론은 4~5세 이전의 기억이 없는 이유를, 평균적으로 5세 미만에서는 의식이 발생하지 않기 때문이라 말한다. 그렇다면 왜 의식이 발생하기까지 5년 정도의 시간이 걸릴까. 그에 대해서는 흥미롭게도 소쉬르에게서 힌트를 구할 수 있다.

의식이 생기려면 적정량의 데이터가 필요하다. 대뇌피질에 어느 정도의 정보량이 각인되어야 의식이 나타날 수 있다. 어떤 대상을 보고 치욕을 느낀다거나, 어떤 소리를 듣고 화난다거나, 무언가를 만지고 안심한다든가, 어떤 냄새를 맡고 과거를 회상한다거나, 어떤 음식을 맛보고 행복을 느낀다거나 이 모든 것들은 정신의 내적 활동이다. 그런데 그러려면 그것과 다른 데이터와의 비교/대조/분석을 통해 거대한 의미 체계에 위치지어져야 한다. 소쉬르가 말했던 대로 말이다. 가령, 평생 어둠 속에만 살아 아무것도 보지 못한 이에게 딱 한 순간 고양이 사진을 보여준다 한들, 그에겐 아무런 느낌도 생각도 생기지 않을 것이다.

가령 A를 보았다고 가정하자. 그때 대뇌피질은 A와 같은 위상에 있는 다른 정보값인 B, C, D, E와 비교/대조하며 A의 의미를 산출할 것이다. 그러니까 A는 그냥 A가 아니라 B가 아닌, C도 아닌, D도 아닌. E도 아닌 A가 된다. 이때 같은 위상의 정보값이 많으면 많을수록 A의 의미는 선명해진다. 그럴수록 의식 또한 더 또렷해진다. 아기에게는 정보값이 매우 부족하기 때문에 비교할 만한 재료가 별로 없다. 그렇기 때문에 아기 의식은 깊이랄 것도 없을 만큼 매우 얕고 따라서 기억에 남을 것도 없다. 이것이 대략 5세 이전의 기억이 없는 이유라고 정보통합이론은 설명한다.

이는 소쉬르가 말했던 의미 재인 과정과 매우 유사하다. 우리가 '포도'를 포도라고 의미화할 수 있는 건 '포도'는 사과도 아니고 귤도 아니고 망고도 아니고 파인애플도 아니기 때문이다. 그런 식으로 포도가 아닌 목록이 많아질수록 '포도'의 의미는 선명해진다. 그런데 여기까지 잘 이해한 독자는 나에게 아마 이렇게 반박하고 싶어질 것이다. '포도'가 포도인 이유는 현실에서 포도를 보고 먹고 접하면서 '포도'라 말하고 글 쓰도록 배웠기 때문이잖아? 그렇게 '포도'와 포도를 대응시키고 이후 무수히 많은 포도를 접하며 추상화했기 때문이잖아? 맞는 말이다. 그래서 다른 예를 들어보려 한다.

"썸이 뭐야?" 하고 묻는다면, 혹은 "연애란 게 뭐야?" 하고 묻는다면 어떻게 정의할 것인가. 위에서 말한 '포도'는 구상명사이기에 논쟁의 여지가 없지만, '썸'이나 '연애' 같은 단어는 추상명사이기에 그 의미를 정의 내리는 건 충분히 논쟁적이다. 이때에도 '썸'이 아닌 목록을 많이 접할수록 '썸'에 대한 자신의 정의가 확고해질 것이다. 이제 단어가 아니라 구, 절, 문장, 단락으로 나아가면 점점 추상도가 높아진다. 이때 해당 언어의 의미를 확실히 재인하기 위해서는 그것과 같은 층위에 있으면서 그것이 아닌 목록을 많이 축적하고 있을수록 유리하다. 여기까지는 신경과학 중에서도 정보통합이론의 관점에서 생각해 본 내용이다. 그러므로 이는 어디까지나 반쪽짜리, 혹은 반의 반쪽짜리 진실일 것이다. 이제 우리는 좀 더 확장된 논의로 나아갈 필요가 있다.

文解力

09

신경의 원리 2

- 의식의 정체

수업시간에 한 학생이 본인은 츄파춥스를 끝까지 녹여 먹는다기에 너무 신기해서 다른 모든 수업 때마다 학생들에게 물어보았다. 대략 1/3 정도가 사탕이나 캐러멜을 끝까지 녹여 먹는다고 답했다. 충격이었다! 사탕이란 자고로 와자작 부쉬 먹는 거 아니었나. 캐러멜은 질겅질겅 씹어서 삼키는 거 아니었나. 혼란스러웠다.

　그 충격과 혼란이 나에게 새로운 의문점을 던져주었다. 생각해 보니 사탕을 부쉬서 삼켜버리는 게 이상한 것이다. 애초에 사탕을 왜 먹는가. 달콤한 맛을 즐기기 위해서다. 배부르고 싶어 먹는 게 아니다. 그렇다면 사탕을 최대한 입안에 남겨서 달콤함을 끝까지 맛보는 게 바람직한 거 아닌가. 그런데 왜 나는 사탕을 입에 넣자마자 바사삭 깨부숴서 삼키고 싶은 강렬한 욕망이 드는 걸까. 사탕뿐만 아니라 초콜릿이나 케이크 같은 달콤한 음식을 먹을 때 나는 입안에서 맛을 오래 느끼기보단 후딱 삼키고 싶어진다. 왜일까.

　그러다 문득 제로 콜라 같은 제로 식품이나 대체 당이 다이어트에 효과가 없는 이유를 분석한 연구가 생각났다. 그 이유는, 혀는 속일 수 있어도 장은 속일 수 없기 때문이라는 거다. 혀에는 미뢰가 있어 미각을 작동시키는데, 장에도 후각수용체가 있어 장에 들어온 음식물의 정체와 상태를 탐지한다. 당이 떨어지거나 배고플 때 대체 당을 먹으면 혀에서는 우선 달콤하기 때문에 에너지를 섭취하고 있다는 만족감을 느끼지만, 조만간 음식물이 장으로 넘어가 실은 칼로리가 없는 빈껍데기라는 걸 감지한 순간부터 우리 몸은 다시 음식을 섭취하길 원하도록 조종한다.

그렇다면 달콤한 음식을 빨리 삼키고 싶은 욕망은, 생물학적 본능 아닐까. 빨리 흡수해서 쓸 수 있는 에너지원을 달라는 장의 간절한 외침 같은 거 아닐까. 달콤함을 즐기고 싶다는 욕구는 그에 대한 표면적인 작용 혹은 부산물 같은 건지도 모른다. 근원적인 욕구는 달콤함을 느끼고픈 혀가 아니라 에너지원을 흡수하고픈 장에서 비롯된 것인지도 모를 일이다. 그렇다면 참지 못하고 사탕을 깨물어 먹는 사람들이 더 본능에 충실한 동물인 걸까. 누가 이런 연구를 해서 발표하면 재밌을 것 같다. "사탕을 깨물어 먹는 집단과 녹여 먹는 집단을 비교해 봤더니?" '마시멜로 이야기' 같은 허술한 선동보다 더 반응이 좋지 않을까.

◆
◆
◆

이제 정보통합이론에서 벗어나 좀 더 최신 연구를 살펴보자. 최근의 신경과학은 의식에 대해 이렇게 말한다. 의식이란 감각 정보에 대한 해석 그 자체다. 지각이 곧 의식이다. 잠깐 여기서 감각과 지각의 차이에 대해 일러두어야겠다. 감각은 외부 세계의 정보값이 오감을 통해 입력되는 과정 자체를 일컫는다. 지각은 그러한 감각에 대한 우리 내면의 해석을 의미한다.

감각과 지각의 차이를 쉽게 이해할 수 있는 대표적 케이스가 '맹시'다. 맹시는 본인 스스로는 맹인이라 여긴다. 왜냐하면 눈앞이 하나도 안 보이기 때문이다. 그런데 그는 진짜 맹인은 아니다. 가령 얼굴로 주먹이 날아오면 피한다. 본인은 왜 피하는지도 모르면서 피한다. 몸이 저절로 그렇게 움직인단다. 맹시는 감각은 작동하지만 지각은 작동하지 않는 케이스다. 외부 세계로부터 시각적 정보는 분명 뇌로 입력된다. 그런데 뇌가 그 입력된 정보를 해석하지 못하는 거다. 얼굴로 날아오는 주먹을 뇌는 시각 정보로서 입력받는다. 그래서 피할 수는 있다. 여기까지가 감각 레벨이다. 그런데 그 시각 정보를 내면의 스크린에 다시 쏘아주지 못한다. 이것이 지각 레벨이다.

사실 우리 인체 자체에도 맹시와 같은 곳이 있다. 바로 장(腸)이다. 코 안쪽 천장 부위에는 후각수용체가 있어 향기 분자를 캐치하여 냄새를 맡는 기능을 한다. 그런데 후각수용체는 코에만 있는 게 아니다. 사실 코에 있는 후각수용체는 진화적으로 봤을 때 가장 나중에 발현된 것이다. 코에서 후각을 담당하기 훨씬 이전에 후각수용체는 우리 몸 각 부위에서 저마다의 기능을 발휘했다. 후각수용체가 가장 많은 신체 부위는 어디일까? 흥미롭게도 그곳이 바로 장(腸)이다.

후각수용체의 종류는 1,000가지다. 각각의 후각수용

체는 표면의 모양이 다 다르다. 그 모양에 얼추 맞는 분자 물질과 결합하는데, 결합이 되면 수용체 안쪽으로 연결된 신경에서 전기신호가 흘러 뇌에 모종의 자극을 주고 다시 뇌로부터 피드백을 받는 구조다. 위장, 소장, 대장 등에 후각수용체가 가장 많은 이유는 명백하다. 음식을 섭취했을 때 그것을 흡수해도 될지 빨리 배출해야 할지를 파악해야 하기 때문이다. 영양물질이라면 소화해 흡수해야 할 것이고 독이라면 소화되기 전에 빨리 배출시켜야 한다. 그것을 파악하기 위해 장에는 수많은 종류의 후각수용체가 존재한다.

그뿐 아니다. 장에서 만들어지는 호르몬 종류가 다양한데 그중 세로토닌은 장에서만 95%가 생성된다. 장의 상태에 따라 감정이 변하는 건 지극히 과학적인 사실이다. 또한 장은 뇌와 다이렉트로 연결되어 있어 장의 상태에 따라 뇌는 긴급하게 피드백을 해줄 수 있다. 그 모든 것의 시작점은 장에 있는 후각수용체다.

후각수용체는 장뿐 아니라 인체 곳곳에 있다. 근육에도 있고 혈액세포에도 있고 심지어 정자에도 있다. 특정한 물질이 결합되면 기능을 발휘해야 하기 때문이다. 근육에서는 세포 재생을 위해, 혈액세포에서는 세포 분열을 억제하고 세포 사멸을 촉진하기 위해, 정자에서는 난자에 헤엄쳐 가기 위해 후각수용체가 존재한다. 그러므로 동물에게 후각이 발달하기 훨씬 전에 이미 신체의 각 부위에는 다양한 후각수용체가 이미 발현되어 있었다.

그런데도 왜 명칭이 '후각'수용체일까. 생물학자들이 맨 처음에 코에서 수용체를 발견했기 때문이다. 코에서 먼저 발견한 후 나중에 다른 신체 부위에서도 발견됐던 것이다. 그러므로 후각수용체라는 명명도 실은 도착(倒錯)이다. 인체가 지금처럼 만들어진 이후에 뒤돌아본 것이므로. 처음에 이미 이름을 그렇게 붙였으니 이제 와 명칭을 바꾸기엔 늦었다.

아무튼 이 얘기를 한 이유는, 일단 장에 있는 후각수용체도 코에 있는 후각수용체도 완전히 똑같다는 점에서다. 그것들을 관할하는 유전자 코드도 같으며 분자적으로도 동일하다. 그럼 이제 이런 의문이 들어야 자연스럽다. 코에 있는 후각수용체에 분자 물질이 결합되면 후각이 느껴지는데, 왜 장에 있는 후각수용체는 후각을 일으키지 않을까. 그렇다. 장에 있는 후각수용체도 맹시와 같은 원리다. 감각만 작동하고 지각은 작

◆ 159 ◆

09 신경의 원리 2 - 의식의 정체

동하지 않는다. 장뿐 아니라 코를 제외한 다른 모든 부위의 후각수용체는 감각만 작동하고 지각은 아예 작동하지 않는다. 그렇다면 질문은 이제 반대로 물어봐야 한다. 코의 후각수용체는 왜 후각을 일으킬까. 그러니까, 왜 코에서만 지각이 작동할까.

여기에 오감의 비밀이 있다. 아직 완벽하게 풀리진 않았지만, 후각을 제외한 나머지 4개의 감각 기관도 실은 후각에 기반하고 있을 거라고 추정하고 있다. 정확히는 후각이 작동하는 원리를 나머지 4개의 감각이 나중에 끌어다 쓰게 되면서 지금처럼 오감으로 진화한 거라고 추정된다. 그렇다면 그 후각의 작동 원리란 무엇인가. 섣불리 결론부터 밝히기 전에, 후각의 원리를 좀 더 알아보자.

코에 있는 후각수용체의 종류는 400가지다. 너무 적다. 인간이 맡을 수 있는 향기의 종류가 겨우 400가지일까. 아니다. 인간은 최소 1만 가지 이상의 향을 구분할 수 있고 훈련을 하면 그 수가 천문학적으로 늘어난다. 꼴랑 400가지로 1만 가지 이상을 구현하는 방법은? 조합이다. 이것이 후각의 비밀이다. 가령 사과 향과 커피 향은 전혀 독립적이거나 배타적이지 않다. 사과 향을 만드는 향기 분자와 커피 향을 만드는 향기 분자는 일부 겹친다. 이런 식이다. 가령 코의 후각수용체에 1+5+7번 종류가 결합되면 사과 향, 3+7+9번 종류가 결합되면 커피 향이 난다는 식이다. 1번부터 400번까지 각 후각수용체에 고유한 느낌이 연결되어 있는 게 아니다. 후각수용체와 후각은 일대일대응이 아니다. 조합에 따라 느껴지는 후각과 느낌 자체가 질적으로 달라진다.

또 재밌는 점은, 분자 물질과 후각수용체 또한 일대일대응이 아니라는 점이다. 같은 분자 물질이 여러 후각수용체에 결합할 수 있고, 하나의 후각수용체가 다양한 분자 물질을 캐치할 수 있다. 다대다대응이다. 인류 보편적으로 특정 물질은 특정 수용체에 결합한다는 법칙 같은 것도 없다. 개인마다 어떤 수용체에 어떤 분자구조가 달라붙을지는 다를 수 있다. 더 흥미로운 건, 같은 분자 물질이어도 농도에 따라 결합하는 수용체가 다르다는 점이다. 같은 분자여도 농도가 낮을 때 결합하는 수용체군과 농도가 높을 때 결합하는 수용체군이 조금씩 달라지는 경우가 있다. 그래서 낮은 농도에서는 악취로 느껴지지만 높은 농도에서는 향기로 느껴지는 물질도 있으며, 반대의 경우도 있다.

아직 후각의 전반적인 메커니즘에 대해서는 상당 부분 미지의 영역으로 남겨져 있지만, 장의 후각수용체와 코의 후각수용체가 다른 결정적인 차이는 알려져 있다. 그것은 바로 거울신경세포와 연결 유무다. 거울신경세포는 이탈리아 신경과학자 자코모 리촐라티가 1990년대에 원숭이의 전두엽에서 처음 발견한 신경세포(=뇌세포)다. 아기원숭이의 뇌활성화를 관찰하다가 아기원숭이가 어떤 행동을 할 때 활성화되는 뇌 영역과 같은 행동을 남이 하는 걸 볼 때 활성화되는 뇌 부위가 같다는 걸 발견했다. 그래서 그 부위를 거울신경세포라고 명명했었다.

나중에 다양한 추가 연구가 진행되면서 거울신경세포가 대뇌의 특정 부위가 아님을 알게 되었다. 그래서 거울신경세포라는 이름보다는 거울신경계라는 명칭으로 이제는 더 자주 불린다. 최근 연구에 따르면 사실 대뇌 자체가 거대한 거울신경계일지도 모른다고 한다. 대뇌 자체가 거울신경세포와 같은 메커니즘을 따른다는 말이다. 이 사실이 굉장히 중요한데 그에 대해서 찬찬히 음미해 보도록 하자.

우리는 장의 후각수용체가 감지하는 것들은 전혀 아무것도 느끼지 못한다. 반면 코의 후각수용체가 감지한 것들은 냄새로 느낀다. 그 차이는, 장에서는 감각 기능만 작동하지만, 코에서는 감각과 지각 기능이 모두 작동하기 때문이다. 지각 기능을 담당하는 것이 바로 거울신경계다. 지각이란 감각에 대한 뇌의 재해석이다. 시각, 청각, 촉각, 후각, 미각 모두 지각이라는 점에서 사실 우리는 뇌가 해석한 결과물을 최종적으로 느끼는 것이다.

지각 기능이 제대로 작동하려면 첫째, 해석을 위한 충분한 재료가 필요하다. 감각을 통해 입력한 정보값이 뇌에 일정 수준 이상 축적되어야 하며, 풍부할수록 좋다. 둘째는, 감정과 결부되어야 한다. 아마도 거울신경계의 역할 중 하나는 입력되는 감각값에 감정을 태그하는 것이라 추정된다. 카그라스 증후군이라는 정신질환이 있다. 가족의 얼굴을 아예 인지하지 못해 다른 사람이라고 착각하거나, 혹은 인지는 하지만 전과 같은 관계를 맺지 못한다. 그 이유는 감정이 거세되었기 때문이다. 우리가 연인과 특정한 관계를 맺을 수 있는 이유는, 단순히 연인이 나에게 전하는 감각적 정보값 때문만은 아니다. 그 정보값과 관련된 감정이 동반되기 때문이다. 그런데 그 감정이 거세되면 객관적으로 똑같은 감각 정보가 입력되어도 연인에게 이전과 같은 의미 부여를 할 수 없다. 따라서 그를 대하는 나의 태도가 달라질 것이며 결과적으로 관계도 변할 것이다.

다시 후각의 신비를 살펴보자. 앞서 말했듯 후각은 분자 물질 하나하나를 각각 지각하는 게 아니다. 분자 물질의 조합에 따라 전혀 다른 냄새가 느껴진다. 가령 2+3+5번 수용체가 활성화되면 민트 향이, 2+5+7번 수용체가 활성화되면 딸기 향이 나는 식이다. 그런데 2+3+5+7번 수용체가 활성화되면 민트 향과 딸기 향이 동시에 나는 게 아니라 초코 향이 나는 식이다. (실제 2+3+5번이 민트 향이라는 게 아니고 예시일 뿐이니 참고 바람)

그 이유를 이렇게 추론할 수 있다. 아기 때는 분자 물질이 코의 후각수용체를 자극하여 뇌에 입력되어도 아직 뇌에 저장된 정보값이 없기 때문에 지각을 일으키진 못한다. 앞서 논했듯 정보값이 하나면 의미화가 불가능하기 때문이다. 그것이 아닌 다른 정보값들이 충분히 쌓여 있어야 비교대조를 통해 의미화가 가능해진다. 지각이 발생하지 않을 때에도 거울신경계는 작동

문해력을 문해하다

하므로 입력되는 감각값은 당시 감정과 함께 저장될 것이다. 물론 같은 분자 물질에 대한 감정이 늘 같지는 않을 것이다. 그럼에도 뇌는 그 분자 물질과 가장 빈번하게 결합되는 감정을 우선적으로 택하여 저장할 것이다. 분자 물질의 감각값에 대한 일정 수준 이상의 정보량이 축적되면, 이제 거울신경계는 적극적으로 기능할 것이다. 현재 감각되는 분자 물질과 가장 부합하는 감정 상태를 골라 그 감정이 태그된 감각질을 내놓을 것이다. 이것이 후각에 대한 지각의 과정이다.

저 과정은, 아기가 처음 언어를 익힐 때, 단어 단위가 아니라 청크 단위로 익히는 것과 유사하다. 초기에 아기는 단어 뭉텅이를 하나의 의미 단위로 이해하고 사용한다. 후각도 그렇지 않을까. 처음에는 분자 물질의 전체 조합을 하나의 의미/느낌 단위로 이해하는 게 아닐까. 그런데 언어의 경우는 아기가 직접 사용을 통해 잘못된 점을 피드백받지만, 후각의 경우는 내가 그것을 사용할 수 없으며 따라서 피드백받을 수도 없다. 그렇기 때문에 조합 자체를 최소 단위로 이해/오해한 채 그대로 성장한 것이 아닐까 싶다.

다른 감각들, 시각, 청각, 촉각, 미각에 대해서도 원리는 똑같다. 그렇게 생각하면 청각의 미스터리도 풀린다. 우리는 소음 속에서도 내가 듣고 싶은 상대의 목소리만 캐치하여 선별적으로 들을 수 있다. 물론 그 사람의 목소리를 제외하고 나머지 소리가 노이즈캔슬처럼 완전히 소거되진 않지만 어느 정도 집중과 선택을 할 수 있는 능력이 우리에겐 있다.

비슷하게는 음악에서 각 악기의 소리를 다 따로 들을 수 있는 능력을 들 수 있다. 자연의 관점에서 사실 음악 소리는 하나의 복잡한 파동일 뿐이다. 각 악기 소리들이 서로 보강 및 간섭 효과를 일으켜 이리저리 일그러진 하나의 파동이 되어 우리 귀에 들어온다. 그런데 그 하나의 파동이 우리 귀에 들어온 순간, 뇌에서는 섞이기 이전의 개별적인 파동들로 분리되어 지각된다. 이건 정말 마법 같은 일이다. 그렇기 때문에 오케스트라 음악도 원 채널 스피커로 구현 가능하다. 우리 뇌는 소리가 섞인 이후의 1개 파동을, 섞이기 전의 여러 개 파동으로 원상복귀 시키는 능력이 있기 때문이다.

그런데 그게 가능한 이유는 섞이기 이전의 고유한 파동(소리)에 대한 감각값이 뇌에 저장되어 있기 때문이다. 그러니까, 이전에 이미 각각의 소리를 충분히 접해

◆ 166 ◆
문해력을 문해하다

본 적이 있어야 하며, 그랬기 때문에 가능한 것이다. 그럼에도 불구하고 이런 의문이 생길 것이다. 바이올린, 피아노, 기타, 드럼 소리를 이전에 많이 들어보긴 했지만, 바이올린으로 지금과 같은 곡을 연주한 걸 들어본 적은 없다고 말이다. 그런데도 왜 바이올린 소리를 따로 떼어낼 수 있는 걸까. 왜냐하면 뇌는 절대치가 아니라 패턴으로 기억하기 때문이다.

같은 노래를 다른 키로 불러도 우리는 같은 노래라 인식한다. 같은 글자를 100포인트 크기로 쓰든 5포인트 크기로 쓰든, 오른쪽 위에 쓰든 왼쪽 아래에 쓰든, 고딕체로 쓰든 바탕체로 쓰든 날림체로 쓰든 우리는 다 똑같은 글자로 인식한다. 패턴을 통해 파악한다는 건, 차이를 인지한다는 뜻이다. 실제로 지각은 감각값 자체가 아니라 감각값끼리의 차이에서 비롯한다. 그 또한 오감에 다 동일하게 적용된다. 우리는 늘 옷을 입고 있어 실제로는 옷에 대한 촉각적 감각이 항시 입력되지만 우리는 그것을 지각하지는 못한다. 만약 옷으로 피부를 쓸면 그때는 촉각적 지각이 느껴질 것이다. 왜냐하면 그제서야 감각값의 차이가 발생하기 때문이다.

후각의 빠른 피로도에 대해서는 익히 알려져 있다.

같은 향이 계속 나면 우리의 후각은 몇 분 내로 그 향에 대한 지각을 상실한다. 소리 또한 그런데, 큰 데시벨의 소리가 아닌 이상 같은 크기, 피치, 음색으로 계속 소리가 난다면, 가령 비프음 같은 소리가 난다면 우리 귀는 역시 수 분 이내 그 소리를 지각하지 않게 된다. 시각도 그렇다. 고속도로에서 아주 긴 터널을 운전해본 경험이 있다면 이해할 수 있을 것이다. 2~3분만 지나도 터널 속 모습에 대한 시/지각 민감도가 굉장히 떨어진다. 안구에 입력되는 전체 프레임 내에서의 시각적 변화가 별로 없기 때문이다. 극단적인 실험 연구가 있는데, 벽지가 온통 하얀색인 방 안에만 며칠 동안 갇혀 있으면 사람들은 1~2일 이내에 시/지각 붕괴를 경험한다. 방 안의 모습(이라 해봤자 온통 흰색이지만)이 제대로 지각되지 않는 것이다. 그리고 대부분의 사람들이 환각을 보게 된다.

그 이유는 아마도 뇌가 생존에 유리하도록 진화했기 때문일 것이다. 뇌는 세상을 정확하게 인식하도록 발달하지 않았다. 외부 세계가 계속 똑같다면 생존에 위협될 일은 없다는 뜻이다. 반면 냄새든 소리든 모양이든 무언가가 달라진다는 건 주위 환경이 변한다는 뜻이고 그것이 나에게 어떤 영향을 줄 수도 있음을 암시한다. 그러므로 뇌는 변하는 감각값의 의미를 파악하도록 진화했을 것이다. 지각은 감각의 차이에서 발생한다.

생존에 유리하도록 진화했기 때문에 뇌는 감각의 차이를 해석할 때, 저장된 데이터 중 가장 확률이 높은 경우를 택한다. 가령 똑같은 발소리를 엄마도 내고 아빠도 내는데, 엄마였던 적이 더 많았다면, 뇌는 그 발소리를 들을 때 엄마의 소리라고 지각하는 쪽을 택한다는 말이다. 수많은 연구가, 뇌는 선천적으로 확률론과 통계에 능통하도록 태어났음을 시사한다. 심지어 베이즈 정리를 태생부터 실천하고 있다. 가령 멀리 있는 파악하기 어려운 형태를 볼 때, 뇌는 과거에 그와 같은 형태를 보았던 수많은 상황을 탐색할 것이다. 그중 현재의 맥락을 고려해서 지금과 부합할 거라고 판단되는 과거의 상황을 우선적으로 추리고 거기에 가중치를 부여한다. 가장 확률이 높은 과거의 기억을 떠올리며 형태의 정체를 재해석하고 현 상황을 추론한다. 그것은 의식적인 차원에서 일어나는 게 아니라 그야말로 순식간에 무의식적으로 일어난다.

그렇다면 오감을 차단하면 의식이 사라질까? 지각이 의식이라 했고, 지각이란 감각에 대한 해석이라 했으니, 애초에 감각이 없으면 지각도 의식도 사라져야 하는 게 아닐까? 흥미롭게도 감각을 차단해도 지각과 의식은 계속 작동한다. 왜냐하면 뇌에는 이미 무수히 많은 과거의 감각 정보가 저장되어 있기 때문이다. 명상을 할 때 아무 생각도 하기 어려운 이유가 그 때문이다. 대뇌는 기존 데이터들을 무작위로 채택하여 재해석한다. 그것이 잘 때 발생하면 꿈이 되고, 깨어 있을 때 작동하면 환각이 된다. 그러므로 꿈 또한 미약한 의식이다. 거듭 말하거니와, 의식은 있다/없다로 구분되는 게아니다. 흰색부터 검은색까지 색의 스펙트럼이 있듯 의식 또한 그와 같은 아날로그값이다. 옅은 의식이 있고 깊은 의식이 있으며 그 수준은 무한대다.

약물을 통해 '뇌 기능을 억제하는 호르몬'을 억제하고, '뇌 기능을 향상시키는 호르몬'을 증진시키면 뇌 기능이 증폭되어 환각이 나타난다. 마약류를 흡입했을 때 흔히 일어나는 현상이다. 그 또한 의식의 한 갈래다. 종종 감각과 지각 사이에 불일치가 발생한다. 그것을 착각이라 하는데, 뇌는 그 착각을 줄이기 위해 노력한다. 아마 생존율을 높이기 위해 그렇게 진화했을 것이다. 감각과 지각이 최대한 일치해야 외부 세계에 적확하게 대응할 수 있을 테니 말이다.

그럼에도 불구하고 착시와 같이 근본적으로 해결할 수 없는 착각도 있다. 오비슨 착시나 분트 착시, 헤링 착시 등이 대표적이다. 그것들을 응용하여 그려진 그림을 다들 한 번쯤은 봤을 것이다. 그것은 감각 기관의 구조적 문제로 인해 발생하는 현상이기 때문에 의식적으로는 그것이 착시라는 걸 인지하고 있더라도, 착시 현상은 전혀 해결되지 않는다. 쉽게 말해 지각이 그것을 오류라고 해석해도 감각 기관 자체의 구조적 결함이기 때문에 개선될 여지가 없다는 말이다.

의도적으로 감각을 차단하는 행위 중 대표적으로 명상이 있다. 감각을 차단해도 머릿속에서는 계속 생각이 떠오르는데, 그것은 과거의 정보값들을 반추하며 재해석하는 행위로, 역시 지각의 일종이다. 명상을 아주 깊이 하게 되면 대부분 환각을 경험한다. 빛을 본다거나, 기하학적 문양을 보거나 하는 식이다. 그 또한 감각과 괴리된 지각 작용이 빚어낸 현상이다. 흥미로운 건 전 세계에서 보고된 명상 이미지가 대부분 비슷하다는 점이다. 그 이유가, 인간 신체가 가진, 그러니까 신경과 감각 기관의 구조적 동일성 때문인지, 아니면 사람들이 생활하는 환경의 유사성 때문인지는 아직 알지 못한다. (후자가 맞는다면, 어느 사회든 결국 사람들이 입력받는 감각 정보의 스펙트럼은 엇비슷하다는 뜻이 된다)

이제껏 우리는 의식이란 곧 지각의 총체이며, 지각이란 감각에 대한 해석임을 보았다. 내가 지금 보고 있는 모니터와 키보드도, 안구를 통해 전해지는 감각값 그대로가 아니다. 입력되는 감각값을 뇌가 해석하고 가공하여 다시 나의 내면에 빔 프로젝터처럼 쏴주는 것이다. 나는 그것'만' 볼 수 있다. 나머지 오감 모두 동일하다.

가끔 영화 같은 데서 최면을 통해 과거의 기억을 끄집어내는 장면을 볼 수 있다. 가령 그저께 아침 출근길에 8차선 대로에서 수많은 차들을 목격했는데 그중에 내 시야의 구석에 있는 차량 번호를 떠올린다는 식이다. 안타깝게도 그것은 절대로 불가능하다. 왜냐하면 첫째, 시야에서 중심을 제외한 주변부는 화소가 정말 조악할 정도로 낮다. 그래서 시야 중심에서 멀리 떨어진 차량의 번호판은 제대로 감각되지도 않는다.

둘째는, 그럼에도 우리 시야 주변부의 화소가 낮다고 느끼지 못하는 이유와도 관련이 있다. 그것은 지각의 마법 때문인데, 감각의 조악한 화질을 지각이 자신의 저장 데이터를 끄집어내어 리터치하기 때문이다. 우리가 그저께 아침에 봤다고 착각하는 그 차량의 번호판은 실제 감각이 아니라 지각의 리터치였던 것이다. 셋째, 설사 내가 그 차의 번호판을 인식할 수 있을 정도의 충분한 화소로 감각했다 하더라도 내가 주의를 기울여 지각하지 않았다면 기억할 수 없다. 지각하지 않으면 데이터화를 거치지 않았다는 뜻이고 따라서 뇌에 정보 값으로 입력되지 않는다. 넷째, 제대로 감각했고 또 지각까지 거쳤다 하더라도 반복적으로 의미를 재인하지 않으면 장기기억화 되지 않고 소멸한다. 우리는 흔히 소멸한 기억조차도 뇌의 구석 어딘가에 잠들어 있다고 믿곤 하는데 그것은 정신분석학이 우리에게 물려준 신화 같은 것이다.

여기까지 이해했다면 문해가 곧 의식과 근본적으로 같은 작용이라는 데에 자연스레 수긍될 것이다. 문해력이란, 음성 또는 문자에서 그 의미를 재인하는 능력을 말한다. 거듭 말하지만, 내가 매 순간 느끼는 오감이란, 입력되는 감각값을 뇌가 해석한 결과물이다. 뇌에 입력된 언어의 의미를 재인하는 원리 및 과정과 뇌에 입력된 감각값을 해석하여 지각으로 바꾸는 메커니즘은 근본적으로 동일하다. 우리는 깨어 있는 내내, 가끔 잠자는 동안에도, 문해 활동을 하고 있는 셈이다. 그러므로 문해력을 단순히 언어를 독해하는 능력이라고 볼 수 없다. 우리의 지각 능력, 즉 의식의 레벨이 곧 문해력이다.

文解力

10

신경의 원리 3

- 인공지능 vs 인간지능

요즘 초등학생부터 고등학생까지 두루 관심 있어 하는 주제 중 하나가 '시뮬레이션 가설'이다. 유튜브가 애들을 버려 놨다(농담^^). 시뮬레이션 가설이란, 이 우주가 컴퓨터 속 시뮬레이션이라는 주장을 말한다. 실제 과학계에서는 나름 진지하게 이야기되는 주제인데, 그 증거로 우리 우주가 너무 지나치게 수학으로 설명하기 적합하게 작동한다는 것이다. 마치 외부의 누군가가 수학적 논리로 우리 우주를 만들어 놓은 듯이 말이다.

그런 말을 들으면 나는 우선 이런 의문이 든다. 사람과 사람 간의 관계도 수치화할 수 있을까? 나와 A 씨가 부모-자식 관계일 수도 있고, 사제지간일 수도 있고, 점원-고객 관계일 수도 있고, 연인일 수도, 썸일 수도, 친구일 수도 있다. 무수히 많은 관계가 가능하다. 근데 그게 끝이 아니다. 가령 나와 A 씨가 친구 관계라 해도 그 정도와 결은 천차만별이다. 연인이라 해도 그렇고, 부모-자식 관계라 해도 마찬가지다. 그러한 관계의 양적, 질적 측면을 완벽하게 다 수치화할 수 있을까.

이 질문을 더 확장해 보자. 하나의 집단, 공동체, 사회를 수치화할 수 있을까. 가령 현재 대한민국 5천만 국민은 민주공화국이라는 정치체에서 살고 있다. 이렇게 가정해 보자. 국민

개인의 성향/변수는 완전히 똑같으면서 정치체만 달라진 상황을. 왕정 체제일 수도 있고, 과두정치일 수도 있고, 혹은 자본주의 사회가 아닐 수도 있다. 그처럼 사회 체제라는 것도 수치화할 수 있는 걸까.

이 주제를 고등학생들에게 풀면 엄청난 논쟁이 벌어진다. 나는 그들의 불꽃 튀는 격론을 조용히 지켜보는 걸 즐긴다. 물론 결론은 나지 않는다. 과학계의 역대급 거장들을 모셔다가 토론을 시켜도 마찬가지일 것이다. 그럼에도 여전히 난 궁금하다. 우주는 디지털값으로 이루어져 있을까, 아날로그값으로 이루어져 있을까.

많은 사람들이 어릴 때 자각몽(루시드 드림)을 꾸기 위
해 꿈 내용을 기록하고 되뇌는 노력을 시도한다. 실제
이 과정을 거듭할수록 자각몽을 꾸게 될 가능성이 높
아진다고 하는데 과학적으로 본다면 충분히 가능한 일
이다. 꿈 내용을 기록하고 되뇌는 과정 자체가 꿈에 대
한 문해력 훈련이기 때문이다. 그 말은 곧 꿈에 대한 재
해석=지각력을 높인다는 것이고, 따라서 꿈에 대한 의
식이 선명해진다는 말이다. 그렇게 되면 꿈을 인지하기
쉬워질 것이다. 하지만 아무리 훈련을 해도 현실에서처
럼 꿈을 제대로 컨트롤할 수는 없을 것이다. 왜냐하면

자는 동안에는 운동 호르몬이 억제되기 때문이다. 그 연관성에 대해서는 조금 뒤에 다시 언급할 것이다.

아기가 문해력을 습득하는 과정을 타임라인으로 알아보자. 영유아 때 아기는 거의 감각만 작동한다. 아기는 매일매일 천문학적인 양의 정보값을 오감으로 입력받는다(이것이 감각 레벨이다). 거울신경계는 입력되는 정보값에 일일이 감정을 태그한다. 감각값이 점차 저장될수록 지각은 조금씩 더 잘 작동할 것이다. 어느 정도 시간이 지나 저장된 감각값이 임계치를 넘으면 지각 또한 충분한 수준으로 작동할 것이다. 그쯤부터 장기기억화가 가능해진다.

음성 언어 또한 태어나자마자 감각되기 때문에 역시 영유아 때부터 계속 음성 정보를 입력받는다. 초반에는 그에 대한 의미 재인이 불가능하므로(활용할 수 있는 저장된 정보값이 없거나 부족하기 때문) 끊임없이 입력만 된다. 아기가 옹알이하는 것은 자신이 들은 음성에 대한 의미 재인을 가속화하는 과정이다. 왜냐하면 말을 듣는 과정과 말을 하는 과정은 그 신경 전달 체계가 정확히 거울 쌍이기 때문이다. 말을 듣는 과정이 A→B→C를 거친다면, 말을 하는 과정은 C→B→A 루틴을 거친다. 참고로 문자를 독해하는 신경 전달 과정과 문자를 쓰는 과정 또한 그처럼 거울 쌍이다. 옹알이가 중요한 이유는 그것이 감각이 아니라 지각의 과정이기 때문이다. 또 하나 중요한 점은 옹알이할 때는 운동 신경을 사용한다는 점이다.

어느 정도 말을 할 줄 알게 되면 문자를 배우기 시작한다. 이때 문자 언어는 반드시 음성 언어를 기반으로 학습하게 된다. 우리는 글자에 말을 태그하는 식으로 문자 언어를 배운다. 말만 붙이는 게 아니라 현실에서의 감각 정보도 글자에 태그된다. 그러므로 문자 언어는 처음부터 3차적인 레벨에서 학습하게 되는 셈이다. 여기서 잠깐 덧붙이자면, 1차 레벨은 현실 그 자체다. 책상을 보고 책상인 줄 아는 것이 그와 같다. 2차 레벨은 음성 정보다. 문자 언어는 그 자체로 의미를 띠는 게 아니라 처음부터 기존에 이미 의미 체계가 성립된 바탕에 기생하는 형태로 학습되고 기억된다(이는 외국어 학습도 마찬가지다).

초기에 아기가 감각을 토대로 지각할 때 대부분 감각 값과 지각값의 격차가 매우 크다. 틀린 지각을 하는 셈이다. 지각은 심각한 오류 상태로 남는다. 하지만 그래서는 생존율을 높일 수 없다. 그렇기 때문에 아기는 자신의 해석(지각)이 옳은지 끊임없이 주변 사람들에게 확인받으려 한다. 그렇게 수차례의 피드백을 거치면서 아기는 지각의 정확도와 효율을 높인다. 그 과정은 죽을 때까지 계속된다. 이때 아기가 자신이 감각한 것을 제대로 의미화하고 해석한 것이 맞는지를 확인하려면 주변 사람들에게 그것을 표출해야 한다. 따라서 지각은 반드시 모종의 행위를 동반한다. 이 말은, 신경학적으로 지각 과정은 반드시 운동 신경과 함께 해야 함을 뜻한다. 실제로 운동 신경이 활성화될수록 언어 능력이 높아진다는 연구 결과는 차고 넘친다. 그뿐 아니라 운동이 의식을 깨워준다는 연구 또한 무수히 많으며 이젠 상식이 되었다. 산책이 사고력, 비판력, 창의력 등을 높인다는 무수한 자기계발서의 지침은 허튼소리가 아니다.

실제로 아이가 저학년일 때 손글씨로 자기 생각을 적는 경험을 많이 할수록 사고력이 높아진다는 연구 결과가 있다. 이 연구는 운동 신경과 언어 영역이 서로 연결되어 있음을 강하게 시사한다. 뇌에서 언어를 주관하는 영역이 곧 지각 및 의식을 관장하는 영역의 일종이므로, 운동 신경이 언어 영역뿐 아니라 의식 영역 자체와 연결되어 있다고 말해도 무방할 것이다. 꼭 어린 시절이 아니라 성인이 되어서도 손글씨는 문해력을 높일 것이라 추정된다. 수많은 작가들이 필사를 통해 문장력과 글쓰기 실력을 높였다는 사실은 오랜 세월 동안 검증되었으며, 꼭 작가가 아니어도 많은 이들이 필사를 통해 언어에 대한 감각과 능력을 높이고 있다. 다만 그 효율은 어린 시절에 비해 상당히 떨어지겠지만.

보통 인간의 기억이 5세쯤부터 시작된다고 하면 반박하는 이들이 종종 있다. 더 어린 시절 기억이 난다면서 말이다. 그것은 사람에 따라 다르겠지만, 사실일 수도 있고 거짓일 수도 있다. 거짓인 이유는, 그것이 자신의 실제 기억이 아니라, 자라면서 조부모나 부모로부터 반복적으로 아기 시절의 기억을 듣는 동안, 마치 자신의 실제 체험이라 착각하게 되기 때문이다.

사실일 수도 있는 이유는, 비일상적인 아주 특이한 경험이라면 기억할 수 있기 때문이다. 우리 뇌는 오직 생존율을 높이는 방향으로 진화했음을 잊지 말자. 만약 어떤 순간적인 경험이 일상과는 너무 달라서 그것이 생존을 심각하게 위협할 것으로 예측된다면 뇌는 에너지를 쥐어짜 내서라도 지각 시스템을 작동시킬 것이다. 그래야 지금 눈앞의 일이 나에게 해를 가할지 아닐지를 판단하여 대응할 테니 말이다. 감각에 대한 해석이 필수고, 그것이 곧 강한 지각 작용을 일으킬 것이므로, 순간적으로 의식의 깊이는 엄청나게 깊어질 것이다. 그런 경우라면 충분히 장기기억화가 가능하다.

이때 눈앞의 일이 생존과 직결되느냐 여부를 판단하는 데 가장 중요한 역할을 하는 것이 거울신경계이다. 거울신경계는 외부 정보값에 감정을 태그하여 그 정보값을 해석하는 신경의 메커니즘이다. 이때 인간의 감정은 크게 두 종류로 구분된다. 하나는 생존을 고양시키는 것과 관련된 감정으로 기쁨 같은 것이다. 다른 하나는 생존을 저하시키는 것으로 슬픔, 공포 등이 있다. 일단 플러스/마이너스로 구분하자. 뇌는 플러스 감정에 해당하는 정보값을 선호할 것이고, 반대로 마이너스 감정에 해당하는 외부 경험을 피하려 할 것이다. 이것이 해석의 가장 근간을 이룬다. 인간에게 오감이 있는 이유, 오감을 해석하려는 이유, 해석을 위해 감정을 붙이는 이유 모두 생존과 직결된다.

지금도 많은 사람들은(심지어 뇌과학자들조차도) 거울

신경계를 공감 세포라 부르고 있다. 나는 이 잘못된 명명이 의식과 대뇌에 관한 연구를 30년가량 늦춰왔다고 생각한다. 거울신경계는 공감을 목적으로 진화하지 않았다. 단지 외부 세계를 해석하기 위해 진화한 것이다. 공감 능력은 단지 그 해석 능력이 고도화되어 가능해진 부가적인 기능일 뿐이다. 그것은 마치, 학생에게 미적분을 시킨 다음 그때 활성화되는 뇌 부위를 발견하고는 그 부분을 '미적분 뇌'라고 명명하는 것과 다를 바 없다. 그렇다고 우리 뇌가 미적분을 하기 위해 진화했다고 할 수는 없잖은가. 그런 점에서, 공감 세포 혹은 공감 신경이라는 명칭은 인간의 뇌를 맨 끝에서 되돌아본 도착적인 명명에 불과하다.

여기까지 왔다면, 지금과 같은 인공지능으로는 결코 의식을 가지지 못할 거라는 데에 동의할 수 있을 것이다. 정말 많은 사람들이 근미래에 인공지능이 인간을 지배할까 봐 두려워한다. 지배라면 지금도 충분히 받고 있다. 우린 이미 쇼츠와 릴스의 노예가 되었다. 스마트폰과 SNS는 이미 내 삶을 좌우하고 있다. 우린 이미 어느 정도는 알고리즘의 노예다. 앞으로 이런 식의 지배는 훨씬 더 심각해질 것이다. 하지만 영화에서처럼 인공지능이 물리적으로 인간을 부려먹거나 멸종시키려는 사태는 벌어질 수 없다.

왜냐하면 그들(?)에게는 생존 본능이 없기 때문이다. 생존 본능이 없으므로 입력받은 데이터를 자체적으로 해석할 기준이 없다. 반면 인간에겐 생존 본능이 있기 때문에 생존에 유리한지 불리한지가 외부 정보값을 해석하는 가장 근원적인 기준이 된다. 다시 괴델의 '불완전성 정리'와 데리다의 '결정 불가능성'을 떠올리자. 인공지능은 천문학적인 양의 데이터를 저장할 수 있다. 그런데 그 많은 데이터의 의미를 재인할 수 없다. 인공지능이 세상 모든 영화를 다 시청하고 녹화해서 자기 내부에 저장해 놓더라도, 그 어떤 영화의 의미도 스스로 도출할 수 없다. 의미를 부여하려면 반드시 데이터 바깥의 다른 체계와 접점을 가져야 한다. 그런데 인공지능에겐 그런 접점이 없다.

인간에겐 있다. 그것이 현실이다. 왜 현실과 접점이 생기냐면 그 현실이 나를 죽일 수도 있기 때문이다. 우리는 무조건 살고 싶어 한다. 그렇기 때문에 그 현실이 나를 살릴지 죽일지 파악할 수 있어야 한다. 그 시작이 거울신경계며, 우리에게 입력된 모든 외부 정보값들

(언어 정보도 포함)의 의미를 거울신경계에서 파악하게
된다. 그리고 대뇌피질 자체가 사실상 거울신경계다.

　비유하자면, 인공지능의 세계관은 소쉬르적 언어관
과 동형이다. 천문학적인 데이터를 입력하여 그 데이
터 각각의 차이에서 의미를 도출한다. 그러므로 그 의
미에는 양적 레벨만 있고 질적 레벨은 없다. 반면 인간
의 세계관은 비트겐슈타인적 언어관에다 소쉬르적인
언어관을 합한 것과 같다. 우리는 맨 처음 현실과의 접
점을 통해 정보에 의미를 부여한다. 그 정보들이 일정
수준 이상 쌓이면 그때부터는 현실과의 접점이 없어도
자체적으로 의미를 부여할 수 있다. 그러므로 인간 내
면에 있는 정보값에는 양적 레벨과 질적 레벨이 모두
담겨 있다.

　인공지능이 의식을 가질 수 없는 둘째 이유는, 용량
의 차이 때문이다. 대뇌피질의 용량은 2의 20조 비트
다. 저 정도 용량의 반도체를 만들려면 지구 크기는커
녕 태양계 크기로도 모자랄 것이다. (저 용량만큼의 반도
체를 만들려면 크기가 어느 정도여야 하는지 똑똑한 독자분이
알려주기를 간절히 기다린다) 빅데이터를 훨씬 더 잘 활용
하는 건 인간 쪽인지도 모른다. 다만 인간의 속도가 느

✦ **188** ✦
문해력을 문해하다

린 건 인공지능과는 그 사용법이 질적으로 다르기 때문이다.

인공지능이 의식을 가질 수 없는 셋째 이유는, 의미의 고정화 여부 때문이다. 무슨 말이냐 하면, 인공지능은 저장해 놓은 데이터의 의미를 고정시키는 반면, 인간은 그렇지 않다는 뜻이다. 인간은 저장해 놓은 언어적 정보뿐 아니라 감각적 정보에 대한 의미마저도 사용할 때마다 조금씩 그 의미를 바꿔버린다. 앞서도 말했듯이, 인간은 언어를 사용하면서 문법과 규칙을 지키는 동시에 파괴한다. 그 양면성은 의미에 대해서도 똑같이 작용한다. 앞으로 내가 마주할 대상과 상황들은 아주 디테일하게 따지면 대부분 처음 보는 것들일 것이다(앞으로 내가 보게 될 '강아지'들은 모두 그 생김새가 다를 것이다. 마찬가지로 앞으로 내가 들을 '수업'도 그 내용과 형태가 완전 다 다를 것이다). 그것들에도 나는 기존의 언어를 붙여야 한다. 마저 '수업'을 예로 들자. 나는 지금까지 무수히 많은 수업을 들었다. 그럼에도 바로 다음번 들을 수업은 지금까지 들은 수업과는 또 다르다. 그렇지만 그 수업에도 나는 '수업'이라는 명사를 붙일 것이다. 그런데 그 순간 나는 그간 내가 알던 '수업'의 의미를 공고히 함과 동시에 새로운 수업 사례를 하나 더함으로써 '수업'의 의미를 확장시키게 된다. 그와 같은 과정은 '수업'뿐 아니라 거의 모든 단어와 표현에 적용된다. 우리가 언어를 쓸 때마다 언어 의미의 외형과 스펙트럼은 조금씩 변형된다.

그럴 수밖에 없는 것이, 언어의 해상도와 인식의 해상도와 세계의 해상도는 그 차이가 너무 크기 때문이다. 세계의 해상도 〉인식의 해상도 〉언어의 해상도 순이다. 그러므로 하나의 언어에는 반드시 하나 이상의 인식이 매칭되어야 하고, 하나의 인식에는 하나 이상의 세계가 짝지어져야 한다. 지금까지 내가 만난 세계는 얼마나 좁겠는가. 겨우 그 정도 세계에만 나는 내 언어를 마킹해 놓았을 뿐이다. 그러니 앞으로 만날 세계 전체에 언어를 씌우려면 당연히 언어의 외양은 넓어질 수밖에 없다.

오해하지 말아야 할 것이, 내가 습득한 언어 자체의 양이 많아진다는 게 아니라, 언어가 품어야 할 의미의 외양이 넓어진다는 뜻이다. 가령 지금까지는 평균적으로 하나의 단어에 3개의 의미를 짝지었었다면, 세상을 더 경험함에 따라 4개, 5개의 의미를 짝짓게 될 거라는 뜻이다. 문해력이 높아진다는 건 그런 의미이다.

인공지능은 그게 안 된다. 데이터의 의미가 그 데이터를 사용할 때마다 달라진다면 그것은 컴퓨터라 할 수 없다. 반드시 의미가 고정되어 있어야 매번 같은 입력에 대해 똑같은 값을 출력할 수 있다. 의미가 고정되어 있다는 건 의미를 재인하기 위한 고민이 필요 없다는 뜻이다. 그런데 의식이란 감각되는 정보의 의미를 재인하기 위해 고민하고 탐색하는 과정이다. 그것이 지각이다. 그러므로 인공지능에게는 의식이 생길 수가 없다. 인공지능에게는 감각만 있고 지각이 없기 때문이다.

文解力

11

신경의 원리 4

– 체화된 시뮬레이션 가설

단어를 이런 식으로 위계를 나눠보면 어떨까.

1차 어휘는 아기가 맨 처음 배우는 단어들이다. '엄마', '바나나', '기린', '의자' 등. 단어와 현실의 대상이 1:1로 대응되는 것들. 1차 어휘는 사물과 직접적으로 단단하게 연결되어 있다. 그래서 어린이집이나 유치원에서 낱말카드로 배울 수 있는 것들이다.

2차 어휘는 현실의 추상적인 상황과 연결되는 단어다. '싸움'이라든가 '학문'이라든가, '달리다'나 '빨리', '넓이'처럼, 구체적인 대상을 지시하는 게 아니라 어떤 공통의 요소를 함축한다. 2차 어휘를 이해하고 익히기 위해서는 어느 정도의 추상화 능력이 필요하다. 따라서 낱말카드로는 배우기 어렵다. 대신 1차 어휘를 많이 알수록 2차 어휘를 이해하기 쉽다.

3차 어휘는 1차, 2차 어휘의 조합으로 구성되는 단어다. 그러므로 3차 어휘는 현실과 대응하지 않는다. 사물과도 심지어 어떤 상황과도 대응하지 않는다. '의미', '차이', '개념' 같은 예가 있다. 이것들은 1차 어휘와 2차 어휘 풀(pool)이 어느 정도 채워져야 이해하고 익힐 수 있는 것들이다.

위와 같은 발상을 단어뿐 아니라 문장이나 나아가 글 전체에도 적용할 수 있을 것이다. 언어 능력을 그처럼 피라미드 구조로 생각할 수 있지 않을까. 가장 아래층이 튼튼해야 바로 위층도 튼튼히 세울 수 있고 그래야 더 높이 더 굳건히 쌓을 수 있는 것 아닐까.

　나는 요즘 10대들의 국어 공부가, 아래층은 도외시한 채 자꾸 높이만 쌓으려는 것 같아 위태롭다. 정작 본인이 어떤 사람인지도 모른 채, 자기 주위에 어떤 일이 벌어지고 있는지도 모른 채, 우리 사회가 어떻게 굴러가고 있는지도 모른 채, 문제집 속 가위질한 텍스트 조각만 읽고 그걸 어떻게든 해석하고 정답을 찍으려는 몸부림. 고개를 들고 세상 밖으로 나아가는 게 먼저일 텐데. 하지만 지금의 입시는 그런 건 스무 살 때부터 해도 늦지 않다고 말하니 답답하기만 하다.

♦
♦
♦

　인지 과학의 '체화된 시뮬레이션 가설'에 의하면, 언
어는 의미를 전달하는 게 아니고 의미 작용을 격발시
키는 버튼이다. 언어적 정보가 입력될 때 그 정보와 부
합하는 과거의 데이터를 뇌에서 서치한 후, 확률적으
로 그에 가장 적합한 정보를 끄집어낸다. '수업'이라는
단어를 보면 뇌에서 그와 관련된 과거의 데이터를 찾
아서 꺼낸다는 말이다. 이는 언어에만 국한되는 게 아
니라 모든 감각 정보에 해당하는 원리라고 생각한다.
　그와 관련하여 재밌는 에피소드가 있다. 조선 후기의
일이다. 박제가가 길을 걷는데 한 아이가 길을 헤매더

란다. 무슨 사연이냐 물어보니, 그 아이는 원래 맹인이 었는데 갑자기 오늘 눈을 뜨게 되었단다. 그런데 눈을 떠보니 세상이 온통 혼란 그 자체라고… 그때 박제가 는 어떤 해법을 주었을까. 그는 아이더러 다시 눈을 감 으라고 했다. 다행히 아이는 무사히 집에 갈 수 있었다 고 한다.

뇌과학은커녕 신경세포가 뭔지도 몰랐을 박제가의 인사이트가 폭발한 사례 아닐까. 평생 맹인으로 살아 온 아이는 한 번도 시감각을 경험한 적이 없으며 따라 서 시각적 감각 정보를 해석해 본 적이 없을 것이다. 그 러므로 그의 뇌에는 시/지각으로서의 정보가 하나도 들어 있지 않다. 그런데 오늘 처음 시감각을 경험한들 그것의 의미를 재인할 재료가 없으니 아이는 혼란스러 울 수밖에. 내용물이 있어야 버튼을 누르면 나오는데, 내용물이 없으니 버튼을 누른들 나올 리 없다. 지각의 형태로 저장된 기억이 '내용물'이고, 현재의 감각이 '버 튼'이다.

현대에도 비슷한 사례가 몇몇 보고되었다. 대표적인 사례가 시드니 브래드포드(Sidney Bradford)의 케이스 다. 그는 선천적인 맹인이었는데 52세에 각막이식술로

시력을 얻었다. 그는 3차원을 2차원으로 표현한 그림들을 이해하지 못했다(대부분의 그림이 그러하다). 직업이 기계공이었는데 시력을 회복한 후에도 그는 두 눈을 감고 작업했다. 그 또한 생전에 시감각을 통한 정보 입력 경험이 없었기 때문에 시/지각 작용이 생소하지 않았을까 싶다. 동물 실험에서는 훨씬 많은 케이스가 보고된다. 가령 고양이의 눈을 태어나자마자 가린 후 몇 개월 뒤에 눈을 풀어주면 그 고양이는 여전히 시각적 인지를 하지 못한다.

흥미로운 건, 감각 작용은 현재에는 '버튼'으로서 작동하지만, 미래에는 그 감각에 의한 정보값 또한 '내용물'이 된다는 점이다. 우리는 새로운 정보를 받아들일 때 이미 저장된 정보와 비교하여 해석함으로써 기억으로 저장한다. 비유를 들자면, 이미 우리 집에는 책장이 매우 많이 있고 그 책장들은 대부분 책으로 채워져 있다. 오늘 내가 새 책을 사서 집에 가져온다면 그 책도 책장에 꽂혀야 한다. 그런데 아무 데나 꽂히는 게 아니라 내가 이미 분류한 나름대로의 체계에 맞게 꽂힐 것이다. 구매한 모든 책이 다 책장에 꽂히는 건 아니다. 대충 읽어봤는데 이미 다 아는 내용이거나 건질 내용이 없거나 불필요한 책이라면 그 책은 입장 거부된다. 감각도 똑같이 작동한다. 내가 감각하는 모든 외부 정보가 다 지각되어서 기억으로 전환되지는 않는다. 아주 일부만 지각되고 다시 그중에서도 극소수만 저장된다. 대부분은 걸러지거나 버려진다.

나이 들수록 시간이 빨리 가는 이유도 지각과 관련 있다. 애초에 시간에 대한 관념 자체가 의식의 레벨이다. 의식의 양이 많으면 시간이 길다고 느끼고 적으면 반대다. 의식의 양이 많다는 건 지각하는 정보량이 많다는 뜻이다. 어릴 때 시간이 느린 이유는 그만큼 주변 정보를 꼭꼭 씹어서 해석하기 때문이다. 스펀지처럼, 받아들이는 족족 집중해서 지각하고 하나하나 저장하기 바쁘다. 어린 시절의 시간은 늘 지각이 풀가동 중이다. 반면 나이가 들면 웬만한 정보값은 다 내면에 저장되어 있기 때문에 굳이 애써 강하게 지각할 필요가 없다. 그렇기 때문에 의식의 두께가 얇아진다. 자연스레 시간이 짧다고 느껴지게 된다. 그러므로 늙어도 시간을 길게 보내고 싶다면 새로운 정보를 많이 접해야 한다. 물론 현실적으로는 그게 쉽지 않다.

다시 '체화된 시뮬레이션 가설'로 돌아오자. 같은 상

황을 보고도 보는 사람에 따라 판단이 완전히 달라지는 것도 설명 가능하다. 가령 어떤 사람의 행동을 보고 누군가는 옹호하고 다른 누군가는 비난하는 이유는, 그의 행동이 각자에게 서로 다른 기억을 촉발시키기 때문이다. 누군가는 과거에 그와 유사한 상황과 행위에서 긍정적인 감정을 받았을 것이고 다른 누군가는 반대였을 수 있다. 같은 영화를 100만 명이 보면 작품에 대한 호불호뿐 아니라 해석마저도 각자 조금씩 혹은 완전히 다르다. 영화가 아니라 책이라면 독자마다의 평가와 해석은 아마 영화보다 표준편차가 더 커질 것이다. 영화는 감각값에 기반하지만 책은 문자 정보에 기반하기 때문에 추상도가 더 높고 의미가 훨씬 다층적이기 때문이다.

'체화된 시뮬레이션 가설'로 내가 말하고자 하는 바는, 언어적 정보든 감각적 정보든 그것을 사용하거나 지각할 때마다 그에 대한 의미의 외연이 점점 넓어진다는 것이다. 그런데 더 중요한 건, 언어적 정보보다 감각적 정보의 밸류가 훨씬 깊고 넓다는 점이다. 언어의 해상도보다 감각의 해상도가 훨씬 높기 때문이다. 우리는 우리가 보고 듣고 냄새 맡고 맛본 것들을 다 언어

화하지 못한다. 말로 설명할 순 없지만 우린 분명 그 감
각을 느끼고 기억한다.

두 사람 사이에 갈등이 생긴 상황이라 가정하자. 그
것을 내가 직접 보고 판단하는 것과 그것을 제3자의 말
로 전달받고 판단하는 것은 전혀 다르다. 제3자가 아
무리 그 상황을 빠짐없이 최대한 성실하게 들려준다고
해도 내가 직접 보는 것만 못하다. 마라탕을 한 번도 먹
어본 적 없는 사람에게 그 맛을 아무리 열심히 설명한
들, 직접 한 젓가락 먹는 것보다 못하듯 말이다. 설산의
풍경을 침이 마르도록 열정적으로 묘사해도 동영상으
로 보는 것보다도 사진 한 장으로 보는 것보다도 훨씬
정보값이 떨어진다.

서양철학에 그와 비슷한 비슷한 논의가 있다. 갓 태
어난 아기를 색이 전혀 없는 흑백의 방에서만 키운다
면, 그 아이가 커서는 색에 대한 느낌을 가질 수 있을까
하고 말이다. 물론 그 방에는 모든 책이 다 있어서 그
아이는 색에 대한 언어적 정보는 습득한 상태라고 가
정한다. 책으로 읽어서 빨강, 파랑, 노랑이 뭔지는 알아
도 실제 그 아이가 방 밖으로 나가 빨강, 파랑, 노랑을
본들 그것을 인지하는 것은 전혀 다른 차원일 것이다.

아마도 빨강을 빨강이라 인지하지 못할 거라고 예상된다('빨강'에 대한 감각적 내용물이 없으므로 지각 작용을 촉발하지 못할 것이다).

지금까지 문해력 담론은 언어적 차원에만 국한되어 있다. 역설적으로 그래서 우리가 본질을 못 보는 건 아닐까 나는 묻고 싶었던 거다. 이 책에서 나는 신경학적 차원에서 언어를 해석하는 메커니즘과 감각을 해석하는 기제가 다르지 않음을 보였다. 오히려 감각이 언어보다 훨씬 더 풍성하다는 것도 충분히 납득할 수 있을 것이다. 그럼에도 문해력 부족의 원인을 언어적 차원에서 찾고, 언어적으로 해결하려는 시도는 지나치게 지엽적이고 표면적인 접근 아닐까.

그렇다면 문해력을 높인다는 건, 언어적 데이터를 늘린다고 될 일이 아니라, 감각적 데이터를 늘려야 하는 거 아닐까. 왜냐하면 첫째, 언어적 의미는 감각적 정보에 토대를 두기 때문이고, 둘째, 언어의 해상도보다 감각의 해상도가 훨씬 더 높기 때문에 뇌 작용을 풍성하게 하는 건 언어보다는 감각 쪽일 것이기 때문이다. 그렇기에 가장 좋은 해법은 최대한 많고 다양한 직접 경험을 하는 것일 테다. 그게 안 된다면 차선은 최대한 많

문해력을 문해하다

은 간접 경험을 하는 것이다. 그런 관점에서 본다면, 현 시대의 사람들이 과거에 비해 문해력이 매우 떨어지기 쉬운 환경에 처해 있다고 나는 확신한다.

文解力

12

결론

- 원인 분석 및 해법

◆
◆
◆

　문해력이 떨어지기 쉬운 환경이란 무엇일까. 바로 본
론으로 들어가자.

　① 집중력 저하
　　언젠가부터 가성비가 삶의 기준이 되면서, 시간도
효율적으로 쓰는 것을 훌륭한 미덕으로 여기게 되었다.
그러면서 멀티플레이가 일상의 기본값이 되어버렸다.
하지만 인간은 기본적으로 멀티플레이가 불가능하다.
실제로 우리는 동시에 2개 이상의 작업을 할 수 없다.
인간은 생물학적으로 한 번에 한 곳에만 주의를 집중할

수 있다. 과거에 광역 작업공간이론은 그 주의력을 관할하는 것이 곧 의식이라고도 했었다.

현실에서 말하는 멀티플레이란 실은, 시간을 잘게 쪼개서 주의를 여기저기 옮기는 걸 일컫는다. 어쩌면 너무나 당연한 결과지만, 실제 실험에 의하면 2개 이상의 작업을 한 번에 병행할 때 걸리는 시간이, 하나씩 작업할 때보다 훨씬 더 걸리는 것으로 나왔다. 이 사실을 아는지 모르는지 현대인들은 점점 멀티플레이 하는 빈도가 잦아지고 있다. 일할 때나 작업할 때 음악을 틀어놓는 것은 기본이고, 드라마나 영화를 BGM처럼 틀어놓기까지 한다. 그러면서 정말 2개 이상의 작업을 병행하기도 한다. 멀티플레이는 주의를 끊임없이 분산시키기 때문에 집중력을 떨어뜨린다. 실제 실험에서 과거 성인들의 평균 집중 시간이 15분이었다면 최근에는 5분 정도로 떨어진 것으로 나타났다. 그와 동시에 성인 ADHD 비율은 늘어났다.

집중력을 저하시키는 것은 멀티플레이뿐만 아니다. 스마트폰의 존재도 그 원인 중 하나다. 재밌는 실험이 있는데, a) 스마트폰을 손에 들고 있는 경우, b) 탁자 위에 올려놓은 경우, c) 아예 방 밖에 놔둔 경우를 비교해 보았는데. 당연하게도 a의 경우 가장 인지력이 떨어졌고, b가 그보다는 조금 더 인지력이 높았으나 여전히 낮은 것으로 나타났다. c가 a와 b에 비해 확연하게 인지력이 높은 것으로 밝혀졌다. 아무래도 한 번에 쓸 수 있는 인지력의 양은 정해져 있을 테고, 스마트폰이 가까이 있다면 은연중에라도 의식하게 될 것이다. 마치 각종 SNS에 늘 로그인되어 있듯, 우리 정신의 일부는 항상 스마트폰에 가 있는 셈이다. 따라서 현실 작업을 위한 인지력은 그만큼 줄어들 수밖에 없다.

집중력을 저하시키는 또 다른 원인은 매체의 변화다. 이제는 텍스트를 읽더라도 스크린으로 읽는 경우가 훨씬 많아졌다. 종이 텍스트, 가령 책, 잡지, 신문 페이퍼 등을 읽는 비율은 과거에 비해 확연히 줄었다. 그 또한 관련 실험이 있는데, 스크린으로 읽는 집단과 인쇄매체로 읽는 집단을 나누어 비교했더니, 스크린 집단에서는 90%가 멀티태스킹(이라 쓰고 딴짓이라 읽는…)을 하는 반면, 인쇄매체 집단에서는 단 1%만 멀티태스킹을 하는 것으로 나타났다.

그 이유를 추론해 보자면 우선 습관의 차원에서 볼 수 있는데, 보통 스크린으로는 동영상을 주로 보거나 웹서핑을 해왔다면, 인쇄매체로는 오직 글이나 그림만 봐왔기 때문일 수 있다. 스크린으로 영상콘텐츠를 보던 습관이 그대로 텍스트를 읽을 때에도 나타나는 것이라 볼 수도 있겠다.

또 다른 이유로는 매체 자체의 특성으로 분석할 수 있다. 스크린은 차가운 매체의 단점과 뜨거운 매체의 단점을 모두 가지고 있다. 차가운 매체와 뜨거운 매체는 마셜 매클루언의 이론에서 제시된 개념인데, 매체가 전달하는 정보의 밀도가 낮은지 높은지를 일컫는다. 차가운 매체의 단점은 정보 밀도가 낮기 때문에 멀티태스킹할 틈을 제공한다는 점이다. 또 스크린은 하이퍼텍스트이기 때문에 스크린 내에서 딴 길로 샐 우려가 크다. 텍스트 창을 내리고 다른 창을 연다거나, 혹은 텍스트 내에 있는 다른 링크를 클릭할 수 있다.

뜨거운 매체의 단점은 정보 밀도가 높아 깊이 생각하지 않게 된다는 점이다. 실제 스크린으로 글을 읽을 때 안구의 움직임 패턴을 분석해 본 결과 F 모양이 나오더라는 연구는 이미 유명하다. 이상하게 스크린으로 글을 읽을 때 사람들은 각 문단의 첫 문장을 위주로 읽더라는 것이다.

책을 읽을 때는 높은 수준의 주의 집중이 필요한 반면, 영상을 시청할 때는 낮은 수준의 주의 집중만으로도 충분하다. 점점 사람들이 책으로 지식을 습득하기보다는 유튜브 등의 영상매체로 습득하는 경우가 더 잦아졌다. 사람들의 매체 이용 습관과 매체 자체의 특성이 서로 악순환적으로 작용하여 집중력을 떨어뜨리는 것이라고 생각된다.

② 활동량 감소

아이들의 활동반경이 1970년대에 비해 최근에는 90% 감소했다는 연구 결과가 있다. 아이들은 탐험의 성공 여부와 상관없이 탐험 자체에서 내면에 배경지식을 축적한다. 그런데 지금은 그러한 탐험의 기회가 사라지거나 여행이라는 패키지로 축소되었다. 아이들은 스스로 다양한 배경지식을 습득할 장과 기회를 잃어버렸다.

사회적 활동이 더 많을수록 인지력이 덜 쇠퇴한다는 다양한 연구 결과도 있다. 지역공동체에 사는 노인이 공공시설에 수용된 노인보다 인지검사점수가 더 높았다. 또 사회경험이 적은 여성이, 사회경험이 많은 여성보다 뇌졸중 확률이 약 2배 높았다.

신체를 접촉할 때 우리 몸에서는 옥시토신이 엄청나게 분비된다. 옥시토신은 행복감을 주는 호르몬이다. 이런 연구가 있다. 부모와 직접 만나거나 전화통화 할 때는 옥시토신이 상당량 분비되는 반면, 부모와 인스턴트 메시지를 주고받으면 옥시토신이 전혀 분비되지 않았다. 그에 따라 전자의 경우는 코르티솔 농도가 낮아져 스트레스가 줄었고, 후자는 코르티솔 농도에 변화가 없었다. 이처럼 직접 만남이 줄고 온라인 소통이 늘어날수록 스트레스가 높을 확률이 크다. 스트레스는 뇌 기능을 전반적으로 떨어뜨린다.

활동량이 감소한 또 다른 이유로는 놀이 형태의 변화다. 요즘 10대들은 친구들끼리 만나면 대부분 PC방에 가서 온라인 게임을 한다. 이것은 인터넷 이전 시대와는 확실히 다른 양상이다. 과거에는 몸으로 하는 놀이만 있었다. 드라마 〈오징어 게임〉에서처럼 말이다. 몸으로 하는 게임과 눈으로만 하는 게임은 정보를 받아들이는 데 있어 차이가 크다. 우선 몸으로 하는 게임은 오감을 다 쓰는 반면, 온라인 게임은 시각과 청각에만 의존한다.

더 큰 차이점은 운동량이다. 몸으로 하는 게임은 운

동 신경을 더 확실하고 미세하게 작동시켜야 한다. 앞서 언급했듯 지각 작용은 운동 신경의 활성화와 밀접한 관련이 있다. 따라서 의미를 재인하고 그것을 장기 기억으로 전환하기에 좋은, 문해력을 높이기 쉬운 활동은 온라인 게임보다는 몸으로 하는 게임일 것이다.

나는 이것이 최근 여학생들이, 성적뿐 아니라 전반적인 능력치가 남학생에 비해 높은 이유 중 하나가 아닐까 생각한다. 여학생들의 경우 남학생들과는 달리 친구들끼리 만나서 PC방에 가는 일이 드물다. 그들은 만나서 맛있는 걸 먹으며 수다 떠는 걸 즐긴다. 나는 이쪽이 문해력을 높이는 데 훨씬 더 도움이 된다고 본다. 그 이유는 바로 아래 3번에서 언급될 공감과 관련 있다.

③ 공감의 쇠퇴

아기들이 무언가를 배울 때 정말 중요한 것 중 하나가 아이트래킹(eye-tracking)이다. 아기들은 상대의 눈과 표정을 보며 상대가 어디에 주의를 집중하는지를 알아낸다. 이는 특히 언어를 배울 때 유용하다. 보호자가 특정 단어나 문장을 말하며 어떤 대상에 주의를 기울일 때 아기는 그 언어가 바로 그 대상을 지칭할 거라고 추론한다.

앞선 챕터에서 이미 소개한, 발달심리학의 유명한 연구를 다시 불러오겠다. 낮 시간 동안 주로 라디오나 TV에 노출되는 시간이 많은 아기 집단과 보호자가 늘 케어하는 아기 집단으로 나눈 결과, 후자 쪽 아기의 언어적 성취가 전자보다 훨씬 뛰어났음을 기억할 것이다.

저 결과는 사실 3가지 차원에서 분석 가능한데, 하나는 앞서 설명했던 인지부조화 차원이다. 라디오나 TV로 언어를 접하는 아기는 자신이 듣는 언어가 자신이 처한 상황과 일치하지 않는 상황에 놓여 있다. 그러다 보니 해당 언어와 짝지어질 현실을 놓치게 되고 그 언어는 제대로 의미화되지 못한 채 아기를 통과할 것이다. 반면 사람과 직접 소통하는 아기는 언어와 현실이 일치하는 상황에 놓여 있기 때문에 해당 언어를 수월하게 익힐 수 있다.

둘째는, 정보량의 차이다. 라디오는 음성 언어가 전부이고, TV라고 해봐야 모니터 크기만큼의 시각적 정보와 음성 언어가 전부다. 반면 사람과 소통하는 아기는 오감을 다 사용한다. 감각의 양과 질이 다르면 지각=의식=기억의 양질도 달라진다.

셋째는, 감정의 유무다. 이 부분이 내가 여기서 강조하고 싶은 점이다. 라디오나 TV에서 나오는 음성은 아기의 생존과 전혀 무관하며 따라서 거울신경계를 활성화시키지 못한다. 아기는 라디오나 TV 소리에 어떤 플러스적이거나 마이너스적인 감정을 갖지 않는다. 반면 사람과 소통하는 아기는 상대의 행동으로부터 직접적인 영향을 받기 때문에 거울신경계가 활성화된다. 그러한 감정은 학습의 질을 가속화한다.

이는 오디오북을 듣는 것보다 사람의 낭독을 직접 듣는 것이 읽기 성취도를 높인다는 연구 결과와도 맥이 닿는다. 오디오북에서는 아이트래킹이 일어나지 않고 따라서 감정도 발생하지 않으며 거울신경계가 잘 활성화되지 않는다. 반면 사람의 낭독을 들을 때는 그 반대가 된다.

얼굴을 마주 보면서는 못 할 말을, 온라인에서는 얼마든지 쉽게 내뱉는 이유도 그와 관련 있다. 우리는 상대방을 직접 만나면 그를 더 쉽게 이해하고 공감하게 된다. 사람을 이해할 때에는 언어적 요소보다 비언어적 요소가 훨씬 더 중요하다는 고전적 연구는 여전히 유효하다. 그런데 현대인은 비언어적 의사소통을 연습

할 시간과 기회를 대부분 잃고 있다.

우선 1987년에서 2007년 사이에 독신가구가 2배 증가했다. 과거에는 가족과 함께 살았기 때문에 일과를 마치고 집에 돌아와도 여전히 다른 사람과 소통하는 시간을 가졌었다. 지금은 일과 후와 주말에 혼자 집에 있기 때문에 타인과 소통하는 시간이 절대적으로 감소했다.

같은 시기에 자폐증 진단은 급증했다. 이는 유전적인 요인이 아니라 환경적인 요인 때문이다. 왜냐하면 근 20년 사이에 사람들의 유전자 풀 자체가 변하지는 않았기 때문이다. 특히 SNS 강박적 이용자들에게서 자폐증 진단율이 높았다. 이는 SNS를 통한 접촉 시간이 늘어난 만큼 현실에서의 접촉 시간이 줄어든 탓이라고 볼 수 있다.

1인 가구의 증가만큼 대중화된 현상 중 하나가 혼족의 증가다. 혼자 밥 먹고 영화 보고 혼자 놀러 다니는 사람들이 많아졌다. 예전에는 누군가와 같이 했던 활동을 이제는 각자 혼자서 하게 되었다. 그 또한 소통과 공감의 시간을 줄인다.

④ 쉬는 시간 부족

뇌는 한 번에 한 가지 작업만 할 수 있다. 지각 작용을 할 때는 장기기억화가 일어나지 않는다. 왜냐하면, 지각에 쓰이는 뇌 부위와 기억화에 쓰이는 부위가 대부분 겹치기 때문이다. 그 뜻은 장기기억화를 하려면 지각을 하지 않아야 한다는 말이다.

많은 사람들이 놓친, 헤르만 에빙하우스의 망각 곡선의 핵심은 사실 수면 시간이다. 수면하는 동안은 기억이 감소하지 않거나 오히려 소폭 증가하는 모습을 보였던 것이다. 수면은 단기기억을 장기기억으로 전환하는 아주 훌륭한 시간이다. 꼭 수면이 아니더라도 머리를 쉬어주는 시간은 반드시 필요하다. 산책이나 운동, 명상 등이 뇌 기능을 증대시킨다는 말은 신비주의적 도시괴담이 아니다.

그런데 현대인들은 자는 시간을 제외하면, 뇌를 쉬게 놔두지 않는다. 끊임없이 자기계발 하라는 사회의 메시지에 절여져 있다. 그래서 자투리 시간에도 무언가 생산적인 걸 해야 한다는 강박이 있다. 그렇지 않다면 스마트폰에 뇌를 빼앗기고 있거나 말이다. 사람들은 잠시도 눈과 귀를 쉬지 않는다. 1분 1초도 쉬지 않고 감각 정보를 뇌에 때려 넣는다. 그래서는 뇌가 자신의 역량을 충분히 발휘할 수 없다. 심지어 현대인들은 자는 시간마저 줄이려 애쓰지 않는가. 뇌는 충분히 쉴 시간이 필요하다.

⑤ 정보 판단 기준의 변화

우리의 뇌는 여전히 구석기시대 때와 같은 상태다. 생존과 직결될수록 더 잘 반응한다. 그런데 현대인은 더 이상 생명에 위협받을 상황에 놓여 있지 않다. 특히 침대에 누워 스마트폰을 보고 있을 때는 더욱 그렇다. 좋은 정보냐 나쁜 정보냐의 기준이 더 이상 생존과 무관해졌다. 그 기준은 지금 당장 재밌냐 없느냐로 바뀌었다.

이것이 중요한 이유는, 생존과 더 직결될수록 거울신경계가 더 활성화되기 때문이다. 대뇌(=거울신경계) 또한 생존에 유리한 방향으로 진화했기 때문이다. 구석기 시대인들에게 세상은 모두 잠정적 위협이었을 것이다. 그렇기 때문에 늘 긴장을 늦추지 않고 외부 세계를 해석하려고 애썼을 것이다. 그런데 지금 이 순간 우리의 환경은 위협과는 거리가 멀다. 대부분 다 안전한 환경, 무해한 정보들이다. 특히 2D를 접하는 시간이 많아진 지금은 더욱 그렇다. 따라서 늘 긴장하며 거울신경계를 높은 수준으로 활성화할 필요가 없다.

말초적인 즐거움은 뇌가 원하는, 생존을 고양시키는 정보와는 거리가 멀기 때문에 장기기억화 될 확률도 낮다. 그만큼 지각의 질 또한 낮아진다는 의미다. 재미를 위한 정보에 노출되는 시간이 많아진다는 건, 낮은 지각을 유지하는 시간이 많아짐을 뜻한다. '체화된 시뮬레이션 가설'에 따른다면, 이는 악순환이 될 우려가 크다. 낮은 지각은 엷은 기억을 축적시킬 텐데, 그 엷은 기억은 나중에 또다시 감각의 촉발을 얇게 만들 것이기 때문이다. 그 과정의 반복은 뇌의 전반적인 능력치를 저하시킬 것이다.

그렇다면 그처럼 문해력을 낮추는 환경을 극복하고, 문해력을 높일 수 있는 해법은 무엇일까. 빤하지만 최대한 많은 직접 경험을 하는 것이다. 이것은 양의 문제가 아니라 질의 문제다. 최대한 많은 사람을 만나 다양한 관계를 맺고, 여러 가지 역할분담을 맡으며, 여러 상황에 놓이게 하는 것이 최상이다. 물론 지금의 현실에서는 거의 불가능한 해결책이다.

그렇다면 차선은 간접 경험을 많이 하는 것이다. 그 방법은 양질의 콘텐츠를 접하는 것이다. 영화도 좋고 드라마도 좋고 만화도 좋다. 당연히 책도 좋다. 이왕이면 정보 전달용 콘텐츠보다는 인물과 서사가 있는 콘텐츠가 좋다. 가상이나마 그 인물이 되어보고 그 상황을 조우하는 경험을 할 수 있기 때문이다.

그것마저 쉽지 않다면 뇌가 의미를 재인하는 작업을 집중해서 할 수 있는 과제를 수행하는 것이다. 대표적으로 말하기와 글쓰기가 있다. 앞서 언급했듯 신경학적으로 말하기는 듣기의 역수행이며, 글쓰기는 읽기의 리버스다. 그런데 말하기와 글쓰기 쪽이 듣기와 읽기보다 훨씬 더 뇌로 하여금 적극적으로 의미를 재인하게 만든다. 음악을 백 번 듣는 것보다 한 번 연주해 보는 것이 그 곡을 기억하는 데 유리한 것과 같다. 이는 곧 말하고 글 쓰는 동안 지각 작용이 심화되고 의식이 더 두터워진다는 뜻이다. 지각과 의식이 근본적으로 '문해'와 같은 것임은 지금까지 눈이 닳도록 써놓았다.

좀 더 직접적으로 말하자면, 거울신경계를 활성화하는 방안을 찾아 실천하라는 것이다. 그것은 감정을 풍

부하게 느끼고 표현하는 것일 수도 있고, 어떤 대상이
든 의미화하는 작업을 반복적으로 수행하는 것일 수도
있다. 구체적인 행동이나 지침을 언급하는 것이 이 글
의 목적은 아니기에 그에 대해서는 각자 고민하고 생
각하기 바란다.

　다만 내가 가장 우려하는 것은, 문해력을 높이겠다
며, 세상과 단절된 큐브 안에 앉혀놓고, 반복적 텍스트
만 읽히게 하는 방안이다. 그나마 기승전결이 있는, 다
양한 분야의 책을 읽히는 거라면 다행이다. 그것도 아
니고 전체 맥락마저 거세된 글 쪼가리를 읽히고 반복
적으로 문제를 풀리는 행위는 어리석다. 나이가 어린
사람일수록 저 방법은 독이 된다. 아이들이 문해력을
높이기 위해 정말 필요한 건, 세상과 현실에 대한 정보
값이다. 그것을 스스로의 오감을 통해 받아들여야 한
다. 글로 글을 배우는 건, 충분한 경험과 축적 이후의
일이다.

에필로그

이 책에서 나는 줄곧 떡밥만 뿌렸다. 이제 책이 끝났음에도 회수되지 않은 선언들에 어떤 독자는 경악을 느낄지도 모르겠다. 하지만 애초에 나의 목적 자체가 떡밥만 뿌리는 것이었음을 고백하며 이에 양해 바란다. 그 떡밥을 회수하는 건 이제부터 우리 모두의 몫이다. 나는 새로운 논의의 씨앗을 뿌린 것뿐이다.

그렇기에 나의 논의에는 비약과 괴리가 많다. 나도 인정한다. 그래서 책을 쓰기 전까지, 책을 쓰는 동안에도 고민이 많았다. 다행히(?) 주위에서는, 내가 논문을 쓰는 것도 아니고 학술서를 쓰는 것도 아닌데, 그냥 에세이나 비평 정도라 생각하고 과감히 지르라고 조언을 아끼지 않았다. 종종 조심스러움이 손가락을 검열할 때가 있었지만, 최대한 내달려 보았다.

나는 학자가 아니다. 그렇기에 내 논의에 있는 비약과 괴리를 실증적인 데이터로 검증할 수단이 없다. 다만 내가 가진 직관과 추론으로 그 틈을 메우는 제스처를 해 보이는 수밖에 없었다.

나는 결론을 내리기 위해 이 책을 쓴 게 아니라 의미있는 질문을 던지기 위해 썼다. 이제 내 질문에 대한 답을 다양한 분야의 전문가들이 함께 또는 저마다 고민해 준다면 더 바랄 게 없다. 꼭 전문가가 아니어도 된다. 입시에 머리를 쥐어뜯는 중·고등학생이어도 좋고, 그 중·고등학생을 자녀로 둔 부모도 좋다. 혼자 사는 아무개 씨도 좋고, 문해력 저하를 걱정하는 꼰대도 좋다. 누구든 자신의 영역에서 나의 질문을 적용해 보고 그 고민을 더 확장해 보기를 꿈꿔본다.

문해력을
문해하다

초판 1쇄 발행 2024. 5. 8.

지은이 이태이
펴낸이 김병호
펴낸곳 주식회사 바른북스

편집진행 김재영
디자인 한채린

등록 2019년 4월 3일 제2019-000040호
주소 서울시 성동구 연무장5길 9-16, 301호 (성수동2가, 블루스톤타워)
대표전화 070-7857-9719 | **경영지원** 02-3409-9719 | **팩스** 070-7610-9820

•바른북스는 여러분의 다양한 아이디어와 원고 투고를 설레는 마음으로 기다리고 있습니다.

이메일 barunbooks21@naver.com | **원고투고** barunbooks21@naver.com
홈페이지 www.barunbooks.com | **공식 블로그** blog.naver.com/barunbooks7
공식 포스트 post.naver.com/barunbooks7 | **페이스북** facebook.com/barunbooks7

ⓒ 이태이, 2024
ISBN 979-11-93879-85-6 03100